KB233987

그린에너지
원자력

그린의 메카 중동에서 선택한 한국원자력

그린 에너지 원자력

임은모(글로벌 그린 마케터) 지음

이담 Books

■ ■ ■ ■　2010년을 풍미한 수많은 경영화두 가운데 '녹색성장'이 중요한 자리 하나를 차지하고 있다. 이는 지나간 과거뿐 아니라 다가올 미래의 화두에 해당한다. 녹색성장이 국가적 어젠다로 등장하는 가운데 자원빈국인 한국에서 원자력발전 수출은 한국 건국 이래 최대의 해외원전 플랜트로서 각광받는 이상의 의미를 지닌다.

지난 2월 16일 버락 오바마 대통령의 '메릴랜드 선언'은 원자력발전의 르네상스를 예고하는 메시지였다. 미국은 1979년 펜실베이니아 주 스리마일 섬 방사능 누출사고 이후 31년 동안 신규 원전 건설을 중단해 왔었지만 이번 선언을 통해 두 가지 목표 달성을 기대하고 있다.

하나는 원자력을 새로운 대체 에너지원으로 활용하는 일이다. 다른 하나는 원자력을 미래 미국의 주력 수출상품으로 육성하겠다는 의지의 표현으로 풀이된다.

이명박 정부의 UAE 아부다비발(發) 400억 달러 규모의 상용 원자로 수주는 기존의 산업 패러다임까지 바꾸면서 녹색성장의 미래까지 제시하기에

이르렀다.

특히 중동국가들이 원자력발전을 향해 러브송을 부르기 시작하면서 한국을 국운(國運)이자 천운(天運)으로서 대접하고 있다. 미투(me too)에 강한 중동국가들이 한목소리로 러브송을 합창하고 있다는 점은 경이로움 그 자체다.

우선 신재생에너지산업과 거리가 멀고 풍부한 오일머니로 부국을 이룬 중동국가들은 이제 경제 발전에 국력을 모으고 있다. 하지만 폭증하는 국가적 전력수요를 충당하기 위해 고민하기 시작했다. 왜 지금 그들은 원자력발전을 선택하게 되었을까. 우리의 상상을 초월한 전력 인프라 투자의 본질은 무엇일까. 더욱이 천문학적인 건설비 투자를 마다하지 않는 저의는 무엇일까. 통상 상용 원자로 건설비용은 1기당 50억 달러 내외다. 원자력발전은 고장 상황을 미리부터 고려해 대개 2기 단위로 주문한다.

건설공기는 6~10년이다. 그리고 수주운영 기간도 60년 단위로 정한다. 최근 UAE원자력공사와 코리아 컨소시엄 사이에 수주 금액은 400억 달러

에 달한다. 그래서 이번 한국과 UAE의 원자력발전 수주는 최저 66년의 동반 국가 등극과 함께 향후 안정적인 원유 공급선 확보까지 기대하게 되었다. 여기에 그치지 않는다. 규모의 경제와 범위의 경제에서 이만한 소재를 찾기가 그리 쉽지 않다는 점도 추가된다.

예를 들면 유럽의 자랑이 되고 있는 에어버스는 유럽연합 27개 국가에서 엔진과 부품을 조달받아 조립하는데도 대당 3억 달러 내외의 비용이 든다.

그러나 한국의 경우, 그동안 20기 원전건설 기술과 경험에 의해 코리아 컨소시엄은 울산과 부산에 소재한 조선업 협력업체로도 가능하다. 이를 통해 1만 개 내외의 부품을 납품받고 선적해 해외 공사현장에서 조립과정만 거치면 된다. 400억 달러의 해외원전 공사를 말이다.

여기다가 원전건설에 필요한 현지인 엔지니어를 교육시키면 그들은 향후 그 해당 국가의 전문기술자이자 국가 공무원으로서 활동하게 된다. 고급인재 양성을 통한 고부가가치 창출은 그냥 덤으로 굴러 들어오게 된다. 이를 시너지 극대화라고 얘기하던가.

책의 콘텐츠를 풍부하게 하기 위해

나는 이 책을 위해 크게 여덟 가지 파트로 나누어서 집필의 욕구를 채우고 동시에 독자의 공감을 얻을 것이다.

PART 1에서는 중동국가에서 원자력발전에 불을 지피고 있는 나라를 간추려서 그들의 지향점과 기대를 살펴보았다.

PART 2에서는 최근 중동국가가 필요로 하는 원자력발전의 당위성으로서, 숨은 뜻, 또는 그 이유를 네 가지 카테고리에 열여섯 가지를 제시하였다.

PART 3에서는 중동국가에서 그려지고 있는 노형대전(爐形大戰)의 삼국지(三國志)를 집중 조명했다.

PART 4에서는 한국 해외원전 플랜트산업에서 중동국가가 요구하고 있는 노형(爐形)에 대한 소개와 그 기술적 미래를 제시했다.

물론, APR1400을 비롯하여 APR+와 중소형 원자력 노형(SMART)까지 등장시켰다.

PART 5에서는 중동국가 원자력발전의 미래를 꿰뚫어 보고 이를 국가비

전으로 삼은 중동 지도자의 열정과 노력을 집대성했다.

PART 6과 PART 7에서는 중동국가에 적용시킬 행복방정식으로 알파 주기와 파이 넓히기를 함께 조명했다. 주는 것이 있으면 받는 게 있다는 선린 외교의 만고진리대로 이를 기준으로 삼은 손익계산서일 수 있다.

PART 8에서는 해외원전 플랜트산업을 통한 이명박 정부의 기회와 기대를 어떻게, 또는 어떤 방식으로 국부와 연결시킬지에 대한 여러 가지 고민과 열정을 함께 제시했다. 기회는 항상 있는 것이 아니라 준비하고 연구하는 경제주체에 일어나고 있다는 점을 상기해 볼 수 있다.

사실만의 팩트 고수 · 객관적 시각 확보 · 이론과 현실의 균형 유지

또한 이 책은 단행본이 요구하는 수준의 세 가지 요소를 지향했다. 팩트(fact)라고 하는 사실성에 입각하는 일이다. 다음은 나 한 사람의 생각과 연구에 의한 기술이 아니라 전문가들이 전하는 객관성 확보를 중요시했다.

마지막은 현실과 이론의 차이와 가치를 유지하는 균형(balance)에도 무게를 두었다. 이 세 가지는 나에게 필요한 틈새와 차별성, 그리고 트렌드 파악에서 더 없이 필요한 노하우에 해당한다.

2010년의 경제적 화두인 녹색성장이 요구하는 수준이고 같은 의미나 다름없다. 왜냐하면 이 세 가지 요소는 삼위일체로 구성되어 있어 그 가치의 극대화가 가능하다는 믿음이 있기 때문이다.

끝으로 이 무딘 글이라도 마다하지 않고 다섯 번째로 출판의 기회를 내게 주신 한국학술정보(주) 채종준 사장님께 감사를 드린다.

특히 한국학술정보(주) 김영권 이사님을 비롯하여 강태우 과장님과 김남동 대리님께도 엎드려 감사를 드린다.

2010년 3월 17일

임은모
adimo@hanmail.net

차 례

Part 3 중동국가에서 뛰고 있는 원자력발전 드림팀

Part 4 중동국가가 요구하는 원자력발전 노형(爐形)은

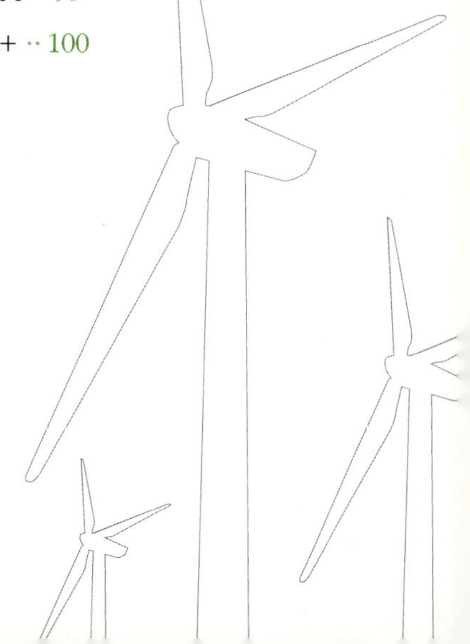

Part 7 중동국가에게 필요한 해외원전 플랜트산업의 행복방정식(2) – 파이 넓히기

Part 8 이명박 정부의 미래 먹을거리로서 중동국가에 대한 원자력발전 수주의 기회와 기대

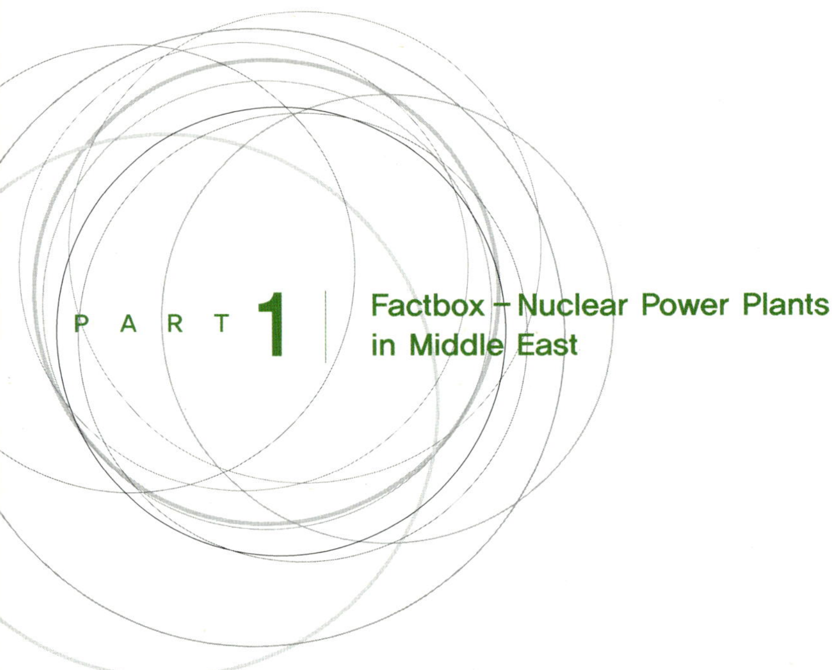

PART 1
Factbox – Nuclear Power Plants
in Middle East

1 아부다비 그린 파워 UAE원자력공사

　■ ■ ■ Dinner 20Dhs · Xtreme 21Dhs · Economy 74Dhs.

눈은 카운터 위에 붙어 있는 가격표를 쳐다보고 있고 입은 바로 주문을 낸다. 디너 한 개와 콜라 한 잔을. 그만큼 익숙하다는 애기도 된다. 하긴 미국 식문화가 낳은 세계 공통의 패스트푸드 햄버거와 핫도그, 그리고 프라이드치킨은 시간 · 돈 · 간편성에 그만이기 때문이다. 일직선의 카운터와 사이좋게 배치된 의자는 항상 만원이다. 그날도 겨우 빈자리를 찾아 닭다리 하나를 입에 물었다. "우선 입부터 즐겁게 하고……"는 목에다 그냥 걸고 다른 손은 펩시콜라를 든다.

2010년 1월 27일의 일이었다. 별다른 의미 부여는 없다고 해도 아부다비 도심 함단 스트리트(Hamdan Street) 1번가에 소재한 한 켄터키 프라이드치킨 가게의 점심시간은 예외 없이 만원 사례였다.

원전 수주 1개월이 흐른 날

　이날의 아부다비 날씨는 섭씨 25도의 전형적인 정초의 날씨로 우리네 초가을 날씨에 해당했다. 하지만 내가 굳이 이날에 의미 부여를 한다면 사실적인 팩트(fact)와 객관적인 유지(objective view), 그리고 이론과 현실의 균형(balance)에 무게를 두고 싶다는 어쭙잖은 집필철학이 발동하기 시작한 그런 날이었다. 더 깊게는 국내외 신문매체에 대서특필되었던 UAE 원전 4기 수주에 관한 그 후렴을 들어 보고 또 확인하기 위해 아랍에미리트연합 도시국가 아부다비를 찾아 나선 길도 된다.

한 달 전 아부다비 에미리트 팰리스호텔에서 한국과 UAE 두 정상이 지켜보는 가운데 계약이 체결된 현장과도 자동차로 30분이면 갈 수 있는 지근의 거리이기도 하다. 역사적인 체결의 자리이기 때문에 우리 모두에게 각별한 의미로 다가오고 있음이 추가된다.

실제로 7성급인 이 호텔에서는 계약당사자인 칼둔 알 무바라크 UAE원자력공사(ENEC) 회장과 김쌍수 한국전력 사장이 원전사업 계약서에 서명했고, 양국은 정부 간 경제협력 협정도 함께 체결했다. 이번 수주금액은 총 400억 달러(47조 400억 원)로 2010년 정부 예산안 292조 원의 6분의 1에 해당한다. 또 리비아 대수로 2단계 공사였던 63억 달러의 여섯 배가 넘는, 한국의 해외 플랜트 수출 역사상 최대 규모다.

놀라운 선택

이번 UAE 원자력발전 수주는 세계 주요 외신들을 놀라게 했다. 한마디로 '놀라운 선택'으로 대접했고 그렇게 보도했다.

미국 월스트리트저널(WSJ)은 12월 27일 "프랑스와 미국이 주도하는 글로벌 원전산업에서 한국의 입지가 더 넓어질 것"이라고 분석했다. 로이터통신도 "UAE의 선택은 정치적 측면보다 경제적 요인에서 결정된 것"이라며 "한국은 원자력발전의 안전성과 가격 면에서 큰 장점을 가졌다"고 보도했다. 일본의 지지(時事)통신마저도 "현대건설 경영자 출신인 이명박 대통령의 집념이 실현된 것"으로 평가했다.

이명박 대통령은 과거 현대건설 CEO 시절 말레이시아 페낭대교 건설입찰 때도 마하티르 전 총리의 마음을 파고드는 맨투맨 전략으로 수주에 성공한 경험이 있었기 때문에 그런 평가와 그런 분석이 가능했을 것이다.

ENEC 미소

한국 정부는 UAE 원전 수주 성공을 발표하면서 400억 달러라는 사상 최대의 수주 금액보다 오히려 '교두보를 확보했다'는 점을 강조했다. 이번 해외원전 수주는 다음번 국제입찰에 참여할 든든한 '자격증을 땄다'는 데 큰 의미를 부여했다고 볼 수 있다.

그 이유는 크게 세 가지로 정리할 수 있다.

하나, 한국은 2004년부터 해외원전 수주에 도전했다. 그해 중국을 비롯하여 2007년에는 남아프리카공화국, 2008년 캐나다 원전건설 사업에 도전장을 내밀었다. 결과는 3전 3패였다. '본선'이라 할 입찰에는 참여하지 못하고 번번이 자격심사에서 탈락하고 말았다. 명함 한 장만 내민 형국이었다. 해외원전사업 실적이 없다는 게 일차적 탈락의 이유였다. 국내 원전 운영을 통해 기술력과 안정성은 검증되었지만 '국제 인증'을 받지 못한 것이 걸림돌이자 장애요인이 되었다. 그러나 이번 UAE 원전 수주 성공에 따라 한국은 국제사회에 내밀 해외사업 실적을 쌓게 되었다. 한국 정부가 '해외 원전시장 진출의 교두보를 마련했다'고 보는 이유다.

둘, 규모의 경제로 보는 이유로서 원전 1기만 수주해도 금액이 어마어마

하다. 이번에 UAE에서 따낸 것이 기당 50억 달러(5조 8,500억 원)에 달하고 있다. 이 수치는 초호화여객기라는 에어버스사의 A380 항공기 대당 가격인 3억 2,000만 달러와 단순비교해도 15배가 넘는다.

셋, 코펜하겐 시대가 요구하는 대로 지구온난화로 인해, 이산화탄소를 뿜지 않는 원자력발전이 그린에너지로 평가되면서 전 세계가 주목하고 있다. 발전 비용이 석유나 천연가스(LNG)는 물론 석탄보다 훨씬 싸다는 것도 장점에 속한다. 따라서 중국과 인도 같은 신흥개발국을 중심으로 폭발하는 에너지 수요를 충족시키는 일은 원자력밖에 없다는 관측도 포함된다. 이런 점들로 인해 세계원자력협회(WNA)는 오는 2030년까지 원전 450기가 더 세워질 것으로 예측하고 있다. 결국 이러한 사례는 미투(me too) 성향이 강

한 중동국가에 일파만파로 확대되었고 결국 원자력발전에서 그린 뉴딜에 길을 묻는 형국으로 발전되고 있다. 이게 끝이 아닌 시작이라는 점에서 미래 먹을거리와 고용 창출이라는 두 마리 토끼를 함께 잡아야 하는 한국에 최초의 원전 수주를 발주한 UAE원자력공사(ENEC)의 미소는 역사적 사건으로 남을 것 같다. 실제로 이번 사업은 원전 4기 수주액 200억 달러와 향후 60년간 운용비용 200억 달러 등 모두 400억 달러에 달해 한국 해외 플랜트 수출로서는 최대의 실적이다. 하지만 나는 촌스럽게도 1만 달러의 규모도 모른다. 고작 아부다비 도심 함단 스트리트 1번가에 소재한 켄터키 프라이드치킨 가게의 디너 세트 값을 이번에 겨우 알았다. 여기서 '겨우' 도 나에게는 아부다비에서 미화 1달러가 이곳 돈으로 3.65디람(Dhs)임을 알았지만 디너 세트 하나 값이 20Dhs이라고 해도 우리네와 비교해서 쌀까. 아니면 좀 비쌀까도 자신 있게 대답하기조차 궁할 뿐이다.

2 사우디아라비아 지잔 신경제도시의 그린 뉴딜

■ ■ ■ ■ 　최근 중동국가에 일고 있는 원자력발전소 건설 붐은 시대적 상황으로 구분할 수 있다. 이란의 핵문제에서 야기된 원자력(Nuclear) 이용은 국제유가의 지속적인 가격상승과 함께 에너지 소비가 폭증하면서 생긴 자구책으로 보아도 된다. 이제 한국은 우선적으로 요르단의 연구용 원자로 건설에 의해 힘을 받더니 UAE에서 상업용 원전으로 발전해 이제는 터키와 이집트까지 수주 문의가 가세하기 시작했다.

바야흐로 중동지역 국가에서 원자력발전 시대의 르네상스를 맞고 있음을 알 수 있다. 그만큼 원전에 관한 관심이 증폭되었고 여기에 따른 원자력발전의 안전성이 검증되면서부터 생긴 에너지 메가트렌드의 기폭제로 등장함을 의미한다. 이런 현상은 중동국가에서 원자력발전은 바로 그린 뉴딜에 해당함과 동시에 코펜하겐 시대가 요구하는 수준의 그린에너지에 길을 묻는 것과 마찬가지 이유이자 동급의 수준이 되고 있다.

　이를 처음 구체화시킨 언론은 세계적인 통신사 로이터(Reuters)였다. 지난해 12월 30일자 'Factbox-Nuclear Power Plants in Africa, Middle East' 기사에서 중동국가의 원자력발전소 러브콜을 자세하게 보도한 것에서 비롯되었다. 이를 확인시켜 주듯 KOTRA도 '중동지역 원전 프로젝트 추진 현황(Kotra Executive Brief : 09-035)'을 발표했다.

　로이터통신은 사우디아라비아 신경제도시 지잔(Jizan)의 그린 뉴딜에 원자력발전소 건설 추가가 초미의 관심사로 떠오르고 있다고 전했다. 지잔은 UAE가 신설할 원자력발전소의 실라와 지근의 거리라는 점도 배제시키지 않았다.

신경제도시 지잔의 위용

　최근 사우디아라비아 정부에서 야심차게 추진하고 있는 4대 신도시 건설 가운데 지잔 신경제도시는 사우디 기간산업을 수용할 수 있는 에너지 및 중공업 기반의 신도시로 조성되고 있다는 점에서 큰 의미를 찾을 수 있다. 민간자본으로 추진되고 있는 이 신경제도시는 사우디 최대 규모의 대표적인 건설회사로 구분되는 사우디빈라딘그룹(Saudi Binladin Group)과 말레이시아의 MMC Corporation이 각각 50%의 지분을 투자하여 전체 규모 110k㎡ 면적에 수용 인구 30만 명, 투자 규모 300억 달러에 달하는 가히 거대 프로젝트에 해당된다.

오는 2030년 완공 일정으로 추진되고 있는 이 경제신도시에서는 이미 지난해 9월 국내 STX중공업이 철강산업단지에 지어질 철강생산공장 프로젝트에서 2억 달러 상당의 수주를 받아 놓은 상태다.

이를 알기 쉽게 도식화하면 다음과 같다.

◇ 도시건설 위치 – 사우디 남서부 지잔(Jizan)

◇ 도시건설 주안점 – 에너지 및 중공업 기반산업 발전 중심의 신경제도시

◇ 도시 규모 – 110㎢

◇ 투자액 – 300억 달러

◇ 수용인구 – 30만 명

◇ 고용창출 효과기대 – 10만 개의 일자리 창출

◇ 프로젝트 내용

　　– 산업단지(Industrial Park) 조성으로 170억 달러 투자

　　– 도시규모의 2/3를 산업단지로 구축해서 철강 클러스터와 원유정제단지,
　　　전력담수 플랜트와 비철금속 단지 수용

　　– 비(非)산업지구(non-industrial zone) 조성으로는 130억 달러 투자

　　– 주거지역과 교육 시설, 의료와 공공 서비스 시설 조성

◇ 도시건설 시행 주체(Developer) – JV of Saudi Binladin Group and
　　MMC Corporation

◇ 시사점 및 진출전략

　　– 지잔 신경제도시를 포함한 사우디의 4대 신도시들은 주로 민간자본으로
　　　개발되고 있는 관계로 1,100MK의 전력발전소 건설의 EPC를 담당하는

중국 업체에서 보듯이 투자가들이 각종 프로젝트를 수주하고 동시에 주도하는 양상을 보이고 있다. 아울러 한국이 강한 IT제품과 IT솔루션 등의 모든 프로젝트에 기본적으로 공급이 필요한 프로젝트이기 때문에 이러한 부분에 초점을 맞춰서 지잔 신경제도시 진출에 관한 진출 전략을 세우는 일이 급선무이다.

사우디는 139번째 국제재생에너지기구(IRENA) 회원국이 되다

지난 1월에 열린 아부다비 국제미래에너지회의(World Future Energy Summit)에서 사우디아라비아는 국제재생에너지기구의 139번째 회원국으로 정식 발표되었다. 이 회의의 의장격인 헬렌 펠로세(Helen Pelosse)는 공동기자회견에서 사우디아라비아가 139번째 회원국 등록을 마쳤다고 발표했다. 그동안 그린 뉴딜에 대한 국가정책과 관심을 유보하고 있던 사우디가 코펜하겐 시대가 요구하는 수준의 길을 밟기 위해 취한 첫 조치로 풀이할 수 있다.

사우디는 세계 제1의 석유 수출국으로서 당연하게 이산화탄소 감축운동에 선구자적 위치에 있었지만 이를 외면한 것도 사실이다.

그러나 시대가 바뀌고 기술이 바뀌고 덩달아 산업의 패러다임이 바뀌어가는 추세를 마냥 외면할 수 없다는 자각에서 비롯한 변신의 시그널로 볼 수 있다. 여기에는 이유 있는 중동국가의 원자력발전 올인과 무관하지 않은, 시대적 변화와 기술적 발전에서 벗어날 수 없는 그린 뉴딜의 힘이 이제 사우디에서도 작동하기 시작했음을 의미한다.

먼 옛날로 거슬러 올라갈 것 없이 최근 걸프협력의원회(GCC) 권내 단일통화권 시행이 오만과 UAE의 불참으로 순연되었다. 하지만 그린 뉴딜에서 괄목할 만한 성적표를 쌓고 있는 UAE의 변신에 고무된 사우디로서는 지잔 신경제도시 건설에 발맞추어 이를 수용하는 몸짓으로 이해된다.

실제로 1월 18일부터 21일까지 나흘간 아부다비 국제전시회장(ADINC)에서 열린 국제미래에너지회의장 분위기는 사우디아라비아의 변신이 단골 메뉴가 되었다.

그래도 중동지역 국가에서 규모의 경제를 이루고 있는 사우디가 UAE와 요르단처럼 원자력발전소 건설에 관한 발표를 기대하는 분위기가 없지 않았기 때문이다. 그 배경에는 최근 중국과 사우디아라비아 두 나라 사이에 벌어지고 있는 경제 파트너십이 점차 가시권을 넘어 크게 확대되는 과정을 보면 원자력발전소 건설 전망을 더 밝게 만들고 있다.

왜냐하면 세계 원전시장을 미국과 프랑스, 그리고 일본이 좌지우지하는 과정에서 한국이 괄목할 만한 수주실적을 쌓고 있는 가운데 중국은 최우선적으로 사우디 시장에 눈독을 들이고 있기 때문에 그렇다. 혼자 가면 빨리는 갈 수 있지만 멀리 가기 위해서는 함께 가는 길이 필수라는 점을 제시해서 중국은 사우디와의 밀애를 지속시키려는 복안이 공공연하게 흘러나왔던 것이다.

사우디에서 차이나 파워는 모래폭풍처럼

　최근 중국은 사우디아라비아에서 대규모 건설 공사를 잇달아 수주함에 따라 중동에서의 영향력을 한껏 키우고 있다.

　지난해 2월 중국철도공사는 사우디의 메카 시와 총 17억 7,000만 달러의 모노레일 공사를 체결했다. 이 공사는 성지순례인 하지 기간에 순례자가 가장 많은 메카와 주변 도시 미나를 비롯하여 아라파트와 무즈달리파 등을 잇는 18.06㎞ 구간에 모노레일을 건설하게 된다. 또한 중국철도공사는 바로 앞서 메카와 메디나를 잇는 444km 구간 고속철도공사 수주를 위한 컨소시엄에도 참여해서 성공한 사례도 있다. 특히 사우디의 ACWA 전력그룹은 상하이전기그룹(上海電氣集團)과 함께 두 곳에 발전소를 건설하기로 합의했다고 발표했다. 이를 가시화시키기 위해 후진타오 국가주석은 지난해 2월 10일부터 12일까지 사우디를 방문해서 적극적인 수주외교를 펼쳤다.

　후 주석은 당시 방문에 맞추어 중국의 하이난(海南) 섬에 추진 중인 초특급 저유소 정유시설공사(1,000억 달러 규모)에 사우디의 참여를 요청한 바 있다. 이 저유질 정유시설의 저장량은 약 1억 톤으로 2008년 한 해 동안 중국의 석유 수입량 1억 9,985만 톤의 50%에 해당하는 수치이고 규모다. 이 시설이 완공되면 중국의 석유 비축량은 10일분에서 90일분으로 늘어나는 효과를 기대할 수 있게 된다. 실제로 중국은 석유 수입량의 20%를 사우디에 의존하고 있기 때문에 이번 지잔 신경제도시 건설과 함께 향후 원자력발전소 건설에 대한 중국 측의 적극적인 참여 시그널로 보아도 될 것 같다.

3 요르단 연구용 원자로 넘어 상업용 원전 모드로

■ ■ ■　우리가 알고 있는 요르단은 중동국가의 중심부에 자리를 잡고 있으면서 면적은 8만 9,000㎢로 한반도의 1/2에 해당한다. 1945년 5월 영국으로부터 독립한 요르단(Hashemite Kingdom of Jordan) 전체 인구는 580만 명(2005년 통계)으로 구성된 입헌군주제도 국가다.

또한 요르단은 중동국가 가운데서 원자력발전을 통해 그린 뉴딜의 길을 묻는 우등국가에 속한다. 하긴 중동국가에서 압둘라 국왕(Abdullah bin Hussein Al Hashemi)만큼 그린 뉴딜의 관심과 준비에 철저한 사례는 그리 많지 않다.

지난해 12월 한국원자력연구원과 대우건설로 구성된 코리아 컨소시엄은 요르단 정부가 발주한 연구용 원자로 건설에 최우선 협상대상자로 단독 선정되어 그 의미와 가치는 UAE 원자력발전 수주에도 큰 영향력을 끼친 것으로 파악되고 있다.

요르단 원자력 발전소 프로젝트 개요

앞에서 소개한 요르단 연구용 원자로 건설 위치는 수도 암만에서 북쪽에 위치한 이르비드인 반면 요르단 상용 원자력발전소는 이집트 국경과 가까운 요르단 남부 아카바 항구로 알려지고 있다. 최근 요르단 정부가 발표한 보도자료에 따르면 요르단 원자력발전소에 관한 내용을 도식화하면 아래와 같다.

◇ 발주처 – Jordan Atomic Energy Commission(JAEC)

◇ 참가업체 – 한국전력을 주축한 코리아 컨소시엄 및 프랑스 아레바
  컨소시엄

◇ 프로젝트 내용

  – 요르단 남부 아카바 항(港)에 요르단 최초의 원자력발전소 건립을 위한
  프로젝트

  – 규모 : 원자력발전소(1,000MW급) 건설비는 약 35억 달러

◇ 한국 컨소시엄 프로젝트 수주 가능성 및 파급효과

  – 2010년 상반기에 요르단 측이 한국을 비롯하여 프랑스와 캐나다, 그리고
  러시아를 대상으로 프로젝트 수주 협상을 진행할 예정임에 따라 프로
  젝트 수주전이 가속화될 전망이 나오고 있는 실정이다.

  – 특히 요르단 연구용 원자로 수출과 UAE 원전 수주에 따라 원자로
  공급국으로서 한국의 입지가 더욱 강화되고 있다는 평가를 받기 시작했다.

◇ 기타

  – 실제로 요르단 발주처인 JAEC 발표에 따르면 한국 컨소시엄에 제안

한 금액과 다른경쟁사와의 제시 금액과의 차이에서 추가될 내용에 무게를 두고 있다.

요르단 연구용 원자로 프로젝트 개요

◇ 발주처 – Jordan Atomic Energy Commission(JAEC)

◇ 참가업체 – 한국원자력연구원(KAERI) 및 대우건설(주)

◇ 계약금액 – 1억 3,000만 달러

◇ 프로젝트 내용

 – 다목적 연구 및 교육용 원자로(5MW급) 설계 및 건설

 – 2010년 상반기까지 건설 계약을 완료하고 나서 요르단 수도 암만 북쪽 70km 떨어진 아르비드(Irbid)에 위치한 요르단과학기술대학교(JUST) 내 부지에 연구로가 들어설 예정이다.

 – 열 출력 5MW급 개방수조형 다목적 원자로와 동위원소 생산시설 등의 건설을 오는 2014년까지 완료할 예정이다.

◇ 파급효과

 – 코리아 컨소시엄이 최우선협상대상자로 선정됨에 따라 한국은 최초로 원자력발전소 플랜트 수출의 교두보(橋頭堡)를 마련한 셈이다.

 – 따라서 이번 요르단과학기술대학교에 건설될 연구용 원자로를 통해 '수출 1조(兆)' 청신호로서 그 의미는 지대하다고 볼 수 있다.

연구용 원자로 '수출 1조(兆)' 청신호(靑信號)

한국은 UAE 원전 수주와 함께 최근 연구용 원자로 수출 1조(兆) 원 달성이 가시권에 들어왔다. 지난해 요르단에 한국 연구용 원자로 시스템을 처음 일괄 수출한 데 이어 올해 들어 네덜란드와 일본 등 선진국 시장에 줄줄이 청신호가 들어왔다.

최근 한국원자력연구원(KAERI)에 따르면 네덜란드 정부가 세계 최대 규모 연구용 원자로(80KM급)인 팔라스(PALLAS)의 국제경쟁입찰 중단 사실을 한국 정부에 통보했다. 이에 따라 지난 우선협상대상자 선정에서는 2위였던 코리아 컨소시엄이 올해 하반기 재입찰에는 단연 유리한 입장으로 돌아설 것으로 예상된다. 일본 재료시험로(JMTR)의 노내종합시험시설(FTL) 구축사업 수의계약 구축사업에서도 같은 결과가 가시권에 들어왔다.

이를 위해 KAERI는 최근 연구용 원자로인 하나로에 핵연료 FTL 구축을 완료하는 등 수주에 필요한 기술적 추적까지 끝낸 상태다.

이러한 사실은 향후 세계 연구용 원자로 건설에서 발전적 변수로 작용함에 따라 지대한 기대주로 떠오르게 된다. 실제로 연구용 원자로 이용은 핵의 평화적 이용의 극대화에도 좋은 증표가 되고 있다.

따라서 세계 모든 국가들은 '핵의 평화적 이용'을 제시하는 바로미터로서 연구용 원자로에 거는 기대가 갈수록 커가고 있다. 이를 교집합해 보면 '수출 1조 원'에 근접하고 있기 때문에 청신호로 보는 이유이기도 하다.

요르단 국왕 압둘라 2세의 코리아 사랑

2008년 12월 요르단 국왕 압둘라 2세가 한국을 방문했다. 국왕의 방한은 벌써 네 번째다. 1996년 국왕에 취임하기 전부터 한국에 관한 사랑은 익히 잘 알려진 일이다.

올해 들어서도 스위스에서 열렸던 다보스포럼에서 압둘라 2세는 이명박 대통령과 단독 회견을 치르면서 의견일치까지 보인 것으로 알려졌다. 특히 이러한 국왕의 코리아 사랑은 중동국가에서 가장 존경을 받고 있는 라니아 알 압둘라(Rania Al Abdullah) 왕비가 곁에서 곁들인 조언과 양국 간 친선 외교에도 잘 드러나고 있다. 라니아 왕비에 관한 얘기는 PART 5 '원자력 발전에 올인하는 중동국가 지도자들' 에서 다시 자세하게 기술할 것이다.

4 GCC(걸프협력위원회) 공용 원자력발전 로드맵

■ ■ ■ 최근 글로벌 금융위기를 겪으면서 내려가던 국제유가는 예년과 마찬가지 수준의 고공행진으로 중동국가에는 막대한 오일머니 유입이 가속화되고 있다. 특히 사우디아라비아와 UAE 등 걸프협력의원회(GCC; Gulf Cooperation Council) 권역 6개국은 화석연료와 천연가스 등의 고갈에 대비하고 코펜하겐 시대가 요구하는 수준의 이산화탄소 감축을 위한 대체 에너지 도입의 필요성이 확대되고 있다. 1981년 창설된 GCC는 주로 원유 수출국으로서 풍부한 오일머니로 중동지역 소비시장을 주도하고 있다. 이에 따라 경제적인 급성장을 가져왔고 이로 인해 전력과 물의 수요가 증가하면서 지금까지의 담수발전에 한계를 느꼈다. 따라서 도시화와 산업화로 전력수요가 급증하는 GCC권역에서는 효과적인 대응수단으로 원자력발전의 필요성을 절감하고 있다.

그러나 원자력발전은 초기 건설비와 기술력 부족, 그리고 우라늄 농축 활동 감시와 핵폐기물 저장문제 등 극복과제가 많지만 장기적인 대체에너지로서 원자력발전이 궁극적인 대안으로 부상하자 GCC는 국가 단위에서 한 단계 업그레이드된 국가권역별로 이를 검토하는 기민성을 보이고 있다.

GCC 공용 원자력발전소 건설 타당성조사(F/S) 현황

GCC는 중동국가 UAE와 요르단 등이 자체적으로 원자력발전소 건설을 서두르자 이에 따른 권역별 타당성조사와 기술 도입에 관한 연구를 본격화하고 있다. 우선 GCC 공용 원자력발전 건설에 따른 타당성조사는 바야흐로 중동국가들이 원자력발전에 관한 관심과 이용의 극대화에 올인하는 모습을 읽게 한다.

◇ 발주처 – GCC사무국(Scientific & Technological Cooperation Department)
◇ 참가업체 – 한국전력
◇ 프로젝트 내용
  – GCC는 원자력발전소를 건설하기 위한 권역 차원에서 수행하는 사전 타당성조사 프로젝트로 총 7개 분야로 나누어 개별 수행하고 있다.
  – 2009년 5월 GCC 사무국은 요청 신청서를 보낸 결과 약 30여 개 관련 회사로부터 응답을 받았다고 발표했다. 지금은 11개사(한전 포함)만이 서류전형을 거쳐 최종 선정자 발표를 대기 중이다.

◇ 향후 일정 – 올해 하반기에 열린 GCC 정상회의에서 이 문제에 관한 토의가 열리면 그 결과에 따라 분야별 최종 F/S 수행자가 선정될 예정이다.

◇ 한국 업체 수주 가능성 – 총 7개 분야에서 '폐기물 처리 및 활용방안'에 대한 프로젝트는 수주 가능성이 높게 나오고 있어 기대가 된다.

◇ 향후 추진일정 – 2010년 하반기 F/S 수행 업체들이 선정되고 이들이 수행하는 7개 분야마다 각기 다른 심사기준을 거쳐야 하기 때문에 원전 건설 프로젝트는 오는 2013년 상반기에나 발주될 것으로 예상된다.

◇ KOTRA 지원사항 – 리야드 KOTRA 센터장이 지난해 3월 31일 GCC 사무국을 방문해 담당자와의 인터뷰를 통해 최초 원전입찰 정보를 입수했다고 발표했다(RIY 09-162 참조).

한국과 GCC 사무국 사이의 자유무역협정(FTA) 후광 기대

최근 한국은 유럽연합(EU)에 이어 GCC 사무국과의 자유무역협정 체결을 서두르고 있다. 중동국가가 새로운 소비시장으로 떠오르면서 이에 따른 FTA 필요성이 높아지고 있고 여기에 병행해서 원자력발전소 건설 파트너로서의 참여를 기대하고 있다. 실제로 GCC권역 6개국은 인구만도 3,800만 명에 달해 그린 머니를 선택한 이들에게서 얻어낼 수 있는 기회와 위협을 동시에 고려하면 새로운 원전 발주처를 얻게 됨을 의미한다. 이를 위해서 한국 정부와 관련 기업은 지금부터라도 원자력발전 로드맵을 작성해

'준비한 코리아 컨소시엄'임을 강조하는 일도 함께 고려 대상으로 삼아야 할 것이다.

물론 GCC 사무국이 요구하는 타당성조사(F/S)에 걸맞게 발 빠른 준비도 겸하는 일이야말로 국익과 직결되는 일에 하나일 수 있다. 예를 들면 원자력발전 2기 수주는 30만 톤급 초대형 유조선 40척이나 쏘나타 승용차 32만 대 수출과 맞먹는 효과를 가져올 수 있다는 점에서 더욱 그렇다고 본다.

다른 도움말로는 지난 2004년 한국과 칠레가 체결한 한-칠레 FTA에 의해 목재산업에서 성공신화를 이룩한 이건라우터가 그 본보기일 수 있다. 그것이 바로 향후 한-GCC 사이에 이루어질 FTA 후광으로 가늠해도 좋을 것이다.

5 나도 여기 있소!
이집트 원전 러브콜

■ ■ ■ ■ 고대 이집트에서는 나일강 유역의 알칼리성 토양을 모발에 바른 후 이를 나무봉에 감아 태양열로 웨이브를 만들어 머리를 치장했다.

인류 최초의 파마(perm)가 그렇게 탄생했다. 이와 비슷한 것으로 우리 조상들도 건강한 머릿결을 유지하기 위해 단옷날이면 창포물에 머리를 감곤 했다.

고금과 동서를 불문하고 머리치장만은 인류 남녀 구분 없이 하나의 문화이고 풍습이기에 독특한 미의 의식으로 간주되었다. 다만 고대 이집트인들은 머리를 그 강렬한 태양열에 의해 말리는 것이 자연적인 현상으로 가능함을 알 수 있다. 하긴 이집트 여왕 클레오파트라가 뽀얀 피부를 유지하기 위해 매일 애용했다는 우유 미용법은 현대까지 내려오고 있다.

역사적 신비와 고대의 찬란한 나일 강 문화를 이룩한 이집트가 최근 그린 뉴딜에서 원자력발전에 러브콜을 보내고 있어 목하 초미의 관심사가 되고 있다.

이집트 원자력발전 모드

이집트 무바라크 정부는 늘어나는 전력수요를 감당하기 어렵게 되자 그 대안으로 원자력발전소 건설을 서두르고 있다. 지난 2006년부터 이집트 국민민주당(NDP)은 이집트 원자력 추진계획을 공개 발표하는 수순을 밟기 시작했다.

◇ 원전 프로젝트 개요
- 오는 2018년까지 원전 2기 도입을 예정해서 2012년 원전공급자 선정을 마무리한다.
- 원전 용량 : 1,200MW
- 예상비용 : 15억~20억 달러

◇ 추진 현황 및 향후 계획
- 2009년 타당성조사(F/S)에 착수(건설부지와 원자력발전형 선정)했다.
- 2009년 6월 호주 기술자문사 Morley Parsons와 원전건설 컨설팅을 위해 1억 6,000만 달러 계약을 완료했다.
- 2009년 세계은행은 이집트의 원전사업 파이낸싱 가능성을 발표했다.
- 2012년 원전공급자 선정을 마무리할 예정이다.
- 이집트 무바라크 정부는 실제로 지난 1986년 원전 도입(1,000MW급 2기)을 추진하였으나 체르노빌 사고 이후 중지했다.
- 2017년 최초 1호기 상업운전(Commercial Operation)을 예상하고 있다.

– 오는 2020년까지 이집트는 전체 에너지 생산 비중을 20% 내외까지
원전으로 대체할 것을 발표했다.

◇ 참가(관심)업체 현황 및 경쟁국 동향

– 러시아 : 지난 2008년 3월 러시아는 이집트와 원전건설 협력 MOU를
체결했다.

– 프랑스 : 사르코지 대통령은 2007년 12월 이집트 일간지(MENA)와의
인터뷰에서 이집트 원자력 에너지 개발협력 의사를 표명했다.

– 호주 : 2009년 6월 호주 기술자문사 World Parsons는 이집트 원전
컨설턴트로 계약을 체결시켰다. 이를 통해 기술자문과 노형, 건설부지
선정과 전문인력 양성을 기대하고 있다.

– 한국 : 현재 한국전력이 이집트 원전사업 추진 현황에 대한 모니터링
단계에 돌입했다. 특히 한국원자력안전기술원은 이집트 원전 1호기
규제 컨설팅 및 입찰 준비에 들어갔다.

◇ 한국의 프로젝트 수주 가능성

– 현재 러시아와 프랑스 등 경쟁국에 비해 수주 움직임은 다소 떨어지는
상황이다.

– 경쟁국 각국 정부는 적극적인 투자의향을 밝힘으로써 이집트 원전사업의
가장 큰 애로사항인 파이낸싱 요구조건을 충족시키고 있다.

– 한국은 현재 한국원자력안전기술원이 이집트 원전 규제 컨설팅 프로젝트
(약 2,000만 달러 규모) PQ를 통과하고 입찰을 추진 중이다.

  – 이미 한국은 가장 수주 가능성이 높은 러시아와의 경쟁구도를 예상하고
    있다.

◇ 프로젝트 수주 시 파급효과는 어떤 것이 있을까

  – 현재 이집트 정부는 오는 2020년까지 전체 발전 비중을 원자력으로
    20%까지 확대를 적극 고려하고 있다.
  – 원전 1호기와 더불어 1,800MW급 및 600MW급 원자력 발전 플랜트를
    추가 건설하겠다는 입장이다.
  – 이집트 원전 1호기를 한국이 수주할 경우 중동국가와 아프리카 국가
    (MENA)에서 원전 발전 부문 선도국가로서 북아프리카 지역의 원전사업
    참가에 유리한 고지를 선점하는 파급 효과를 기대할 수 있다.

◇ 향후 계획

  – 이집트 원전 프로젝트 사업은 무바라크 정부의 강력한 건설의지에 의해
    에너지 소스 다양화 정책에 따라 매우 적극적으로 추진하고 있다.
  – 따라서 오는 2012년까지 원전공급자 선정계획에 의해 건설 부지를 비롯
    하여 노형선정 등 이집트 원전건설 사업이 내년까지는 그 윤곽이 드러날
    것으로 예상된다.
  – 특히 세계은행은 이집트 원전사업에서 파이낸싱 참여를 공식 발표한 바
    있어 이집트 원전사업은 크게 탄력을 받게 될 전망이다.

결국 이집트 원자력발전 모드는 앞에서 보았던 대로 여섯 가지 예상 사항
(또는 고려 사항)에 따라 추진할 것으로 볼 수 있다. 다만 모든 원자력 프로젝

트는 사업 특성상 정부의 주도에서 그 빛을 발하고 동시에 컨소시엄 형태의 기업 진출이 이어짐을 알 수 있다.

이집트는 한국에 원전 기술 전수를 요청하다

최근 코리아 컨소시엄이 UAE에서 원전 수주가 이루어지자 이집트 정부가 한국 원전 기술 전수를 요청하기 시작했다.

올해 1월 한국국제협력단(KOICA)에 따르면 이집트 정부의 원전 기술 전수 요청을 받고 협력단의 무상원조 사업의 일환으로 이집트 원자력 기술자를 초청하기로 내부 조율을 맞추었다. 연수 인원과 교육 과정은 양국 사이의 협의를 거쳐 결정할 일이지만 연수는 대전의 원자력연구원에서 맡을 것으로 예상하고 있다.

한국국제협력단은 국제원자력기구(IAEA)와 공동으로 베트남과 인도네시아, 그리고 리비아 등에 대한 나라별 연수를 포함하여 2001년부터 2009년까지 400여 명의 개발도상국 원전기술자를 초청해 연수과정을 실시한 바 있다.

특히 한국국제협력단은 이집트 원전연수를 시작으로 중동국가가 필요로 하는 원자력발전 플랜트사업에도 동참하여 새롭게 등장하고 있는 원자력시장 개척의 발판 마련까지 고려 대상으로 삼고 있다.

따라서 PART 1에서의 결론은 로이터통신이 제시한 내용대로 중동국가에 불처럼 일고 있는 원전 모드에 한국의 동참과 지향점 찾기 그 이상도 그 이하

도 아니다. 이것이 바로 지난 2009년 12월 27일 이전과 이후로 구분되는 한

국원자력 역사의 흐름과 발전이 탄력을 받기 시작한 점으로 이해해야 할 것

이다.

PART **2** 이유가 있는 중동국가 원자력발전 모드

1 중동국가는 지금
이노베이션 열공

■ ■ ■ '2010년은 세계 역사의 티핑 포인트(tipping point: 급격한 변화 시점)로 기록될 것이다. 미래를 준비하기 위해서는 가치관을 재정립하고 시스템과 제도를 재건해야 한다. 가치관을 재정립하는 데 있어 가장 기본적인 전제조건 중의 하나는 사회적 책임과 환경적 지속가능성, 그리고 불평등의 해소다."

매년 1월이 되면 전 세계의 석학과 기업인, 그리고 국가정상들은 미래를 만들고 동시에 기업 경영과 국가 지도력을 배우기 위해 어김없이 스위스를 찾는다. '다보스를 보면 미래가 보인다'는 경영학 직언처럼 다보스에 논의된 사항들은 그해 세계 정치와 경제, 그리고 개발과 기후변화 대응까지 제시하고 있기 때문이다.

지난 1월 27일부터 31일까지 열린 올해 다보스포럼의 화두는 '이노베이션(혁신)'이었다. 2009년 글로벌 금융위기로 50조 달러 이상의 자산이 허공으로 사라지고 전 세계 무역량이 30%나 급감하는 쓰라린 경험 속에서 올해도 세계 지도자들은 다보스포럼에서 이런 엄청난 위기를 제대로 감지하지 못한 동시에 막지 못한 이유를 서로 묻고 또 고민도 했다.

프랑스와 캐나다 정상들처럼 한국 이명박 대통령도 인도 마모한 싱(Singh) 총리와의 정상회담을 끝내고 전세기편으로 세계경제포럼(WEF)에 참가했다.

이러한 중요한 시점에 개최되는 다보스포럼이 이명박 대통령을 초청했기 때문이다. 이 대통령은 이번 포럼에 초청된 20여 명의 외국 정상과 국제기구 수장 가운데 제일 먼저 특별연설을 했다. 그리고 겸해서 영국 BBC와 미국 CNN과의 인터뷰가 이어졌다. 가히 역사적 사건이 아닐 수 없다. 다른 조건이나 포장을 배제해도 중동국가의 원전 모드만 따로 떼어 놓고 보아도 이명박 대통령은 원자력발전 수주를 위한 세일즈 정상외교를 펼쳤음은 물론이다.

스위스 다보스를 찾아온 요르단 알 압둘라 국왕과도 만나 원자력발전 수주에 대한 협조를 부탁했다. 그래서 2010년은 세계경제포럼의 설립자이자 의장인 클라우스 슈바프(Klaus Schwab)가 제시한 티핑 포인트의 한 해일 가능성이 높아지고 있다. 슈바프 의장은 이를 간접증명이라도 하듯 올해에도 지난해처럼 장문의 경제 메시지가 전 세계 언론매체를 도배시키고 있다.

위에 인용한 글은 '2010년은 세계 역사의 티핑 포인트'에서 발췌한 내용의 일부다.

다시 보는 중동국가의 변화와 자각

클라우스 슈바프 세계경제포럼 회장은 2010년을 티핑 포인트의 해라고 지칭했듯이 전 세계는 이제 급격한 변화 시점에서 자기의 길을 찾아가야 하는 시대적 명제를 안게 되었다. 이게 바로 정동정(靜動靜) 모드인 중동국가에도 예외가 없는 지상명령과 다름없이 작동하기 시작했다. 왜냐하면 코펜하겐 시대가 요구하는 수준에서 국가경영이 이루어져야 하는 시대적 명제와 국민적 요청이 거세게 일고 있다는 점과 무관하지 않다. 그 맨 중앙에는 급격하게 늘어나고 있는 전력 수요를 충족시키기 위해 원자력발전 모드는 시의적절한 대안으로 떠오르면서 생긴 중동국가의 변화다. 변화로는 부족하고 변혁의 동기부여로서 이노베이션(혁신)의 전모(全貌)에 해당한다.

신조어 인도베이션(인도+혁신)의 의미

2010년의 중동국가 국민들의 삶과 생각은 예전과 사뭇 다르다. 사막에 사는 베두인으로만 생각했다면 다보스포럼이 주는 의미를 모르는 부류의 사람일 뿐이다. 세계의 신흥국가인 중국과 인도를 능가하고 있다. 소비대국으로 발전하고 있기 때문이다. 그래서 다보스포럼에 참석한 세계 정상들은 이를 '미들베이션(중동+혁신)'으로 부르기 시작했다.

지금 인도에 불고 있는 '인도베이션(인도+혁신)'에 빗대어서 생긴 조어인 미들베이션은 그래서 우리의 주목을 받고 있다. 아니 받을 수밖에 없다.

스위스 다보스에서 열린 세계경제포럼은 전 세계 언론매체를 통해 이를 공론화했다. 중동국가를 대표하는 국영통신 WAM은 이를 시리즈로 기사화해서 불을 댕겼다. 미들베이션의 기폭제가 세계 신흥국가 인도에서 비롯된 점은 하나도 이상할 것이 없다. 예상되고 준비된 그들만의 이노베이션이 이제 힘을 얻고 세계의 주목을 받았을 뿐이다. 글로벌 금융위기 속에 인도 경제가 6%대 성장률을 유지할 수 있었던 힘이 바로 여기에서 나온 것이다.

특히 인구 12억의 인도에서 하루 1달러로 연명하는 극빈층만 3억 명에 이르는 인도는 가난한 계층의 소비욕구를 채우는 상품개발이 가장 활발한 나라다. 와이퍼는 하나만 달고 타이어 튜브를 없애고 단지 주행 장치만 갖춘 2,450달러짜리 타타 사의 '나노 카'는 그 대표적인 상품이다.

지구온난화 방지의 유일한 대안은 원자력발전이다

소비대국으로 떠오르고 있는 중동국가에서 공급과 수요의 원칙상 가장 취약한 부문이 바로 급증하는 전력 에너지 문제의 대응과 해결이다.

유럽과 한국 같으면 응당 고유가 문제가 포함되겠지만 이를 배제해도 되는 대부분 중동국가에서는 코펜하겐 시대가 요구하는 지구온난화 방지와 기후변화 대응, 그리고 이산화탄소 감축을 위한 발전 플랜트에 대한 관심이 매우 높고 지대하다. 중동국가에서 원자력발전을 최우선적으로 선택한 고려사항은 화석연료 고갈에 대한 준비다. 다음은 이산화탄소 배출량을 최소화시키는 일이다.

동시에 경제성이 탁월하다는 사실이 입증되었다. 최근 그린피스 영국 대표마저 "이제부터는 원전건설 반대를 접겠다"고 공언할 정도로 원전 건설은 U턴하고 있음을 직시한 결과다. 이게 우리가 알고 있는 중동산유국 공통의 원자력발전소 건설 모드의 핵심 키워드다.

다만 우리가 간과해서는 안 될 사항으로는 중동국가에서 원전 르네상스를 주도하기 시작했다는 점이다. 미들베이션이라는 이름으로 말이다. 그 이유는 내가 앞에서 기술한 네 가지뿐일까. 물론 이 네 가지는 필요조건일 수 있다. 그러나 상용 원자력발전소 1기 건설비는 대략 50억 달러에 달해 천문학적인 투자가 요구된다. 이를 수용하기를 마다하지 않고 중동국가들이 앞다퉈 원전 도입에 앞장서는 모습에서 우리는 짚히는 데가 없을 수 없다. 이해가 되는 충분조건을 갖추기 위해서는 네 가지 분야로 세분해 알아보는 일이 그래서 필요하다.

이러한 일은 중동국가에 불고 있는 원자력발전 러시를 평면에서 입체로, 교토의정서에서 2013년부터 2020년까지 8년간 지속 가능시킬 코펜하겐 선언으로, 다시 아날로그 시각에서 디지털 3D 시각으로 보아야 하기 때문이다.

2 기후변화로 보는 그 이유들

■ ■ ■ 기후변화 전도사로 대접받고 있는 뉴욕타임스 간판 칼럼니스트인 토머스 프리드먼(Thomas L. Friedman)은 그의 저서 〈코드 그린〉에서 지금의 기후현상을 '에너지기후시대(Energy Climate Era)' 라고 정의했다.

그의 정의에 대한 논의는 차치하더라도 에너지와 기후의 관계를 간결하게 정리한 부분에서 중동국가에도 하나의 개념 이상의 의미 부여가 가능하다. 우선 이유가 있는 중동국가 원자력발전 모드가 러시를 이룬 배경에서 기후변화 대응, 즉 에너지기후시대는 앞에서 소개한 네 가지 필요조건과 함께 새로운 충분조건이 되고 있다.

제트기류 둑 터지고 엘니뇨로 인한 온난기류 상승

우리가 살고 있는 지구촌 곳곳이 기록적인 폭설과 혹한, 그리고 홍수로 고통을 받고 있다.

이제 지구온난화에 따른 재앙이 시작된 것일까. 이제 교통이 두절되

고 얼어서 죽는 사람이 속출하는 세상에서 살아가는 것일까. 급기야는 에너지 수요가 급증해 일부 전기배급제까지 실시한 나라가 생겨났다. 멀리 갈 것 없이 이웃나라 중국은 최근 한파로 발전용 석탄 수송에 차질이 생기면서 장쑤와 후난 등 7개 성에서 제한송전을 시작했다. 일 년 내내 강우량이 100㎜ 미만의 중동지역 도시국가 아부다비에서는 하루 20㎜ 내외의 강우량을 기록하기도 했다.

내가 지난해 12월 20일 아부다비에 갔을 때 갑자기 내린 비로 아부다비 도심 중고차센터 지역에서는 물바다가 연출되는 것을 목격하기도 했다. 사막으로 형성된 지역이라 물이 잘 빠지겠지 하는 생각에 의문을 일으킬 정도였다. 따라서 지금 우리가 살고 있는 이 지구촌을 보면 토머스 프리드먼이 정의한 대로 가히 '에너지기후시대'를 실감하고도 남는다.

최근의 기후변화는 환경전문가 사이에서도 의견의 일치를 보지 못하고 있지만 대강 두 가지 원인으로 모아지고 있다.

전 세계 기상이변 원인으로는 약해진 '제트기류'와 '엘니뇨'에 의한 지구온난화를 꼽고 있다. 제트기류는 북극 한파를 가둬두는 '둑'으로 비유한다. 저위도 지방으로 내려가는 북극 한기를 막아주어야 되지만 제트기류 곳곳이 뚫리면서 한파가 내려오고 있는 상황으로 파악하고 있다. 또한 해수면 기온이 높아지는 현상인 엘니뇨 역시 이번 폭설의 주범으로 평가된다. 엘니뇨로 따뜻하고 습기가 많은 남쪽 공기가 많이 올라오고 있다.

이를테면 북쪽 한파가 남쪽 지방 수증기와 만나면서 눈덩이를 키우는 작용을 하고 있음으로 파악하고 있다. 따라서 중동국가에서는 최근의 기후변화를 환경보호라는 윤리로 보고 있다. 심지어 지구촌 재앙으로 확대해석해서 말이다. 모든 기후변화는 결국 자기들이 수출한 화석연료에 의해서 발생한 점에서 자유스럽지 못함을 직시한 것이다. 거기다가 거의 모든 전력생산을 석유와 석탄으로 대체하고 있는 현재의 발전 시스템은 결국 전 세계의 기후변화를 일으키는 공범자로 인식하기도 했다. 그래서 중동국가는 필요 이상 환경보호행사가 줄을 잇고 있다. 예를 들면 거리의 가로수인 야자나무 한 그루를 키우기 위해, 오일머니로 벌어들인 그 돈으로 담수시설을 짓고 이를 통해 키우는 것마저 감사하고 있다.

이 역시 토머스 프리드먼이 읊조렸던 '자연 세계에 대한 책임의식과 지구 관리인으로서의 책무, 그리고 미래 사회를 향한 관심'에 대한 성찰이다.

둘 - 기후변화의 정치학을 지켜야 하는 이유

영국 사회학자이자 상원의원인 앤서니 기든스(Anthony Giddens) 경의 〈기후변화의 정치학〉은 중동국가에서는 필독서가 되고 있다. 〈제3의 길〉로 유명세를 탔지만 기후문제에는 제3의 길이 없다는 점을 명확하게 설파해서 좌우 이념 대결을 넘어 대타협을 이뤄내는 데 일정 부분 공여했기 때문이다. 같은 맥락에서 서구의 좌와 우 대신 수니파와 시아파를 함께 아우르는 데 〈기후변화의 정치학〉이 도움말이 되었기 때문이다. 이게 바로 중동국가에서 원자력발전에 불을 댕기는 두 번째 이유이다. 최근 그가 국내 한 언론매체와의 인터뷰 기사는 공감이 되는 부분이 될 수 있다. 원자력발전이 온실가스 배출을 줄이는 데 도움을 줄 수 있다고 생각하는가에 대한 대답이다(〈동아일보〉 2010. 1. 22. 참조).

"원자력은 신뢰할 만하고 경쟁력이 있는 친환경에너지다. 그러나 원자력은 핵 확산과 테러리즘과도 관련되어 있기 때문에 복잡하다.

결론부터 말하자면 세계 주요 국가에서 온실가스 감축 목표를 맞추기 위해 원자력발전을 하는 것이 필요하다고 본다. 그러나 국제적인 핵 관리의 진전이 없는 상태에서 원자력발전을 확대하는 것은 반대한다."

특히 앤서니 기든스 경은 환경운동과 기후변화 정책과 관련해서 정확한 구분을 제시하고 있다. 평소 중동국가 지도자와 기후변화 전문가들에게 큰 영향력을 끼치고 있는 그는 "환경운동가들이 가진 극단적인 제로성장 사회와 비폭력과 같은 신조는 현실정치와 부합하지 않는다"고 선부터 그었다.

“또한 ‘자연으로 돌아가자’ 같은 구호는 지키려는 사람에게는 의미가 있을지 모르지만 지구온난화와 싸우는 것과는 상관이 없다. 그러나 우리가 추구하는 기후변화 정치는 지구를 구하는 것과 아무런 상관이 없다. 지구 자체는 우리가 무엇을 해도 살아남는다. 문제는 거기에 사는 사람이다” 라고 말이다.

따라서 중동국가들이 원자력발전에 올인하는 그 이유로서 지구를 구하는 데 더 이상 미루거나 외면할 수 없는 그들의 고뇌와 노력을 함께 읽어보게 한다. 한마디로 그린 테크가 발전하고 사회가 발전하면 상대적으로 우리 지구촌 소비자의 삶의 질이 향상됨에 따라 발전의 수요는 기하급수로 늘어나게 된다. 이를 합리적으로 해결하고 미래 전력 수요에 대비하기 위해서도 중동국가의 원자력 모드는 필연적인 조치일 수 있다.

셋 – 코펜하겐회의 파열음까지 준비해야 하는 그 이유

    결론부터 말하자면 '코펜하겐의정서'는 없었다. 지난해 덴마크 코펜하겐에서 열렸던 유엔기후변화회의는 1997년 채택된 교토의정서의 뒤를 이어 2013년 이후 각국의 온실가스 감축 목표를 정한 새 협약이 채택될 것으로 기대했다. 그러나 120여 개국 정상 등 모두 192개국의 대표가 참가한 거대한 이 회의는 선진국과 개발도상국의 현격한 입장 차이 등으로 법적 구속력을 갖춘 감축 목표를 합의하는 데 실패했다. 본래 이 회의는 '모든 참가국이 서명하는 협정(global deal)'을 목표로 했지만 뜻을 이루지 못했다.

    결국 단 하나뿐인 지구를 구하려고 모였지만 기대에 못 미친 코펜하겐회의가 되고 말았다. 올해 11월 캐나다에서 어떤 결론은 나오게 되겠지만 중동국가 지도자들은 이런 국제적 파열음까지 준비하는 모습으로 원자력 발전에 거는 기대를 가늠케 하고 있다. 물론 앞에서 지적한 대로 〈그린 코드〉와 〈기후변화의 정치학〉의 제시는 중동국가 지도자와 환경전문가에게는 하나의 바이블(또는 하나의 코란) 이상의 가치로서 크게 영향력을 끼치고 있음이 그렇다는 진실고백이 된다.

    코펜하겐회의가 열리는 동안 중동국가의 신문매체에서 이 두 가지 책에 대한 평가를 높게 칭찬한 것에서도 이를 잘 방증시켰기 때문이다.

　■ ■ ■ 역사에서 '만약에' 라는 말이 통용된다면 어떨까. '만약에' 라는 단어가 과연 역사의 물줄기를 바꿀 수 있을까. '만약에' 라는 요구는 지역적 편견과 오해를 얼마나 불식시킬 수 있을까. 비록 우문일 것 같은 이 세 가지 희망사항은 역사적인 관점에서 가설(假說)과 가정(假定)의 이론적 토대가 된다. 최근 미국의 유명한 싱크탱크 스트래트포 설립자인 조지 프리드먼은 그의 저서 〈100년 후〉에서 지정학(地政學)이 국운을 좌지우지한다고 주장하고 있다. 특히 그는 지정학이라는 관점과 인구변동, 기술적 변화와 권력의 향방 등을 교집합해서 지정학의 필요성을 역설하고 있다. 이를 통해 중동국가의 지정학적 역사에다 '만약에' 를 도입시켜 보면 매우 흥미로운 사실을 발견하게 된다.

　그 '만약에' 는 화석연료의 석유와 천연가스가 필수로 회자된다. 따라서 폭발적으로 늘어나는 전력 소비에서 원자력발전에 목을 매는 중동국가의 희망사항을 바라보면 볼수록 '만약에'는 다시 패러디되어 '만약에 중동국가에 석유가 나오지 않았다면'으로 대체해 생각해도 결과는 같을 것이다.

예를 들면 만약에 지금과 같은 중동산유국이 되지 않고 아라비아 만(灣)을 끼고 조개잡이로 생활하는 그들을 상상하면 지금과 같은 중동지역의 지정학은 애당초 없었을 터다. 현대사가 가르치듯 서구 열강이 중동국가에서 생산되는 화석연료를 쟁탈하기 위해 이간과 화해, 개발과 원조를 병행하다 못해 무기까지 팔았다. 때문에 지금까지는 중동국가에는 '미래는 커녕 내일을 알 수 없는 나라'라는 불행을 안고 살아야 했다. 하지만 이번 글로벌 금융위기를 전 세계가 겪으면서 중동 오일머니의 위력과 필요성에 공감하면서 여기에 대한 불명예마저 불식시키는 결과로 이어졌다.

이를 통해 중동국가들이 원자력발전에 거는 기대에 따라 지정학적으로 보는 그 이유를 찾아보자.

하나 - 중동국가들이 친미(親美)-반미(反美)에서 헤쳐 모여 조짐으로 원자력발전을 기정사실화시킨 그 이유

'친미 온건' 대 '반미 강경'으로 단순 구분되던 중동국가의 세력 판도에 변화의 바람이 불고 있다. 미국 오바마 행정부 등장과 함께 친미 진영의 주축인 사우디아라비아와 이집트는 반미 진영의 이란과 시리아, 헤즈

볼라와 하마스 연대가 합세해서 새로운 합종연횡을 펼치고 있기 때문에 그렇다. 아군과 적의 구분마저 모호해지고 있다는 얘기다.

지난해 3월 11일(현지시각) 사우디아라비아의 압둘라 국왕은 호스니 무바라크 이집트 대통령과 바샤르 알아사드 시리아 대통령을 수도 리야드에 초청해 환담을 나누었다. 최근 들어 미국은 이집트와 함께 시리아에 적극 화해 움직임을 보이고 있다. 의회 방문단이 몇 차례나 꾸려져 시리아를 찾았고 백악관과 국무부는 시리아에 특사를 파견하기도 했다. 시리아를 지렛대 삼아 새로운 중동정책을 펼쳐보려는 미국과 경제봉쇄를 풀고 이스라엘에 뺏긴 골란고원을 되찾으려는 시리아의 이해관계가 맞아떨어진 덕이다. 이를 기회로 삼은 중동국가들은 이란과의 거리를 유지한 상태로 미국의 동의를 얻어 원자력발전에 거는 기대를 충족하기 시작했다.

둘 – 탈레반과 유엔 특사와의 접촉으로 평화회담이 타진되고 이것이 원자력발전소 확보의 무드 조성용으로

올해 들어 중동지역 국가에는 평화적인 화해무드가 조성되고 있다. 그 중앙에 앞에서 소개한 대로 오바마 행정부의 아랍 진영과의 밀월이 크게 작용한 것은 이제 잘 알려진 사실에 속한다.

실제로 올해 1월 영국 런던에서 열린 아프가니스탄 지원을 위한 국제회의에서 아프간 정부와 국제 사회가 탈레반에 5억 달러 규모의 화해 지원금 등 유화책(宥和策)을 제시해서 중동국가에 희소식을 안겨주고 있었다.

이를 가시화시키기 위해 하미드 카르자이(Karzai) 아프간 대통령은 1월 28일(현지시각) 미국과 영국 등 70여 개국 대표가 참석한 런던회의에서 "아프간 평화를 위한 부족 원로회의(Jirga)를 열어 탈레반을 초청하겠다"고 선언했다. 탈레반을 지르가에 초청하겠다는 것은 탈레반을 아프간 인구의 42%를 차지하는 파순트족 대표로 인정할 수 있다는 의미이다. 지금까지 탈레반은 파순트족에 세력 기반을 두고 있다. 이게 가시화되고 오바마 행정부의 중동국가 상대의 유화책이 이어지면 아프가니스탄과 이라크를 아우르는 중동지역 평화는 먼 얘기가 아닐 수 있다. 이런 변화에서 중동국가에 필요한 원자력발전 러시는 더 힘을 받게 될 수 있다.

셋 – 미국 핵정책의 3중 잣대

역사에서 '만약에'가 가능하다면 최근 미국이 중동지역에서 작동하기 시작한 세 가지 핵정책의 유연성이 그 이유에 대한 설명이 될 수 있다.

예를 들면 지금까지 미국의 강경한 핵 확산 방지 전략이 오바마 행정부의 등장과 함께 평화적 핵 이용으로 가닥을 잡아가고 있다. 여기서 평화적 핵 이용이란 세계 각국이 핵확산금지조약(NPT)에 가입해 핵무기 개발을 포기할 경우 원자력발전 등 평화적 목적으로 핵에너지를 이용할 수 있는 권리를 의미한다. 이를테면 북한에는 엄격한 잣대를 적용해 모든 핵무기와 핵 프로그램 폐기를, 이란에는 유연한 잣대로 핵무기를 포기하면 평화적 핵 이용을 허용하고, 인도에는 현실적 잣대를 적용해 핵기술 판매 허용

쪽으로 기울고 있다.

　이 세 가지 잣대에 따라 미국의 핵문제 해법도 북한은 6자회담을 통한 다자해결인 반면 이란은 유럽연합(EU)에 위임하고 인도는 핵 보유를 사실상 인정하는 것으로 드러났다. 최근 중동국가에서 일고 있는 평화적 핵 이용에 따라 원자력발전 모드는 지정학적으로 보는 세 번째 이유로서 미국의 핵정책 3중 잣대가 그대로 적용됨에 따라 이를 전제함을 뜻한다.

　세계의 회약고라고 불리울 만큼 지정학적으로 불리한 중동국가들이 원자력발전을 통해 핵 에너지를 평화적으로 이용하는 것으로 보여주는 것이야말로 진정한 코펜하겐 시대의 요구를 수용하는 것으로 간주하고 있음을 알 수 있다.

4 사회학적으로 보는 그 이유들

■ ■ ■ ■ 우리는 흔히 정보기술(IT)을 얘기할 때 인터넷을 주제로 삼는다. 여기서도 앞에서처럼 다른 개념의 '만약에'를 차용해서 이메일로 메시지를 보내기 위해 이름 석 자를 올리는 순간 줄줄이 사탕으로 같은 이름을 소개하는 기술이 바로 정보기술이다.

최근 인터넷 기술의 발전에 힘입어 정보기술은 통신과 융합되면서부터 통신(communication)을 통한 정보통신기술, 이름하여 그린 ICT가 화두가 되고 있다. 이러한 변화된 사회현상은 인터넷 문화 창달과 함께 새로운 아랍문화를 창출하고 있다. 중동국가 남성 직장인들은 서구인들과 같은 수준으로 그린 ICT 수혜자가 되고 있다. 지금까지 남성 직장인에게 3대 애용품은 자동차와 오디오, 그리고 카메라였지만 지금은 '아이폰'까지 추가되고 있을 정도다.

하나 – 스마트폰도 없다? 아바타도 안 봤다?

최근 중동국가와의 해외 플랜트나 발전 플랜트 계약에는 어김없이 추가되는 사항이 하나 있다. ‘인재 양성’ 부분이다. 교육의 본질을 설명하는 일보다 인재 양성이 곧 국가백년대계라는 점을 중동국가 지도자는 너무나 잘 알고 있다. 그래서 인재 양성은 국가안보 장치 마련처럼 모든 본 계약에 우선적으로 추가시키고 있는 게 관행처럼 작동하고 있다. 아니 그렇게 주문해 그들의 미래전략으로 삼고 있다.

바로 이게 중동국가 지도자의 변화된 트렌드 근본이고 실제상황이다. 인터넷 문화의 산물임에 틀림이 없을 터다.

최근에는 아이폰의 최초 메이커 ‘애플’과 ‘어플’의 구분까지 척척 이해하는 박사급 알파걸까지 생겨나고 있다. 물론 여기서 ‘어플’은 인터넷 프로그램을 뜻하는 ‘애플리케이션’의 줄임말이다. 중동국가 상류사회 남녀 공히 젊은이 사이에서 컬처 디바이드(culture devide)가 되지 않기 위해 시간만 나면 대형 쇼핑몰 전자상가에서 무리를 지어 진을 치고 있다.

이를 모르거나 이해하지 못하면 알파보이나 알파걸에게 늙다리 취급은 물론 ‘왕따’를 당하기 쉽다. 어디 이것뿐이랴. 영국 런던이나 프랑스 파리에서 유행하는 노랫말 하나쯤은 익혀 곧잘 부르고 있어야만 문화인 행세를 할 수 있다. 그만큼 중동국가의 미래 주인공들은 사회학적으로 서구의 젊은층과 어깨를 같이하고 있다. 비록 ‘노땅’ 소리를 듣고 있는 내가 보아도 이들의 인터넷 문화의 흡수는 스펀지만큼 빠르고 강하게 작동함이 간단없이 목격되고 있다.

예컨대 세계 최초의 제로카본시티 아부다비 마스다르가 목하 건설되고 있다는 점에서 사회학적 원자력발전 무드도 그 이유가 되고 남는다.

어디 마스다르뿐인가. 쿠웨이트 실크 시티와 사우디아라비아의 신경제도시 지잔의 변신은 컬처 디바이드 수준을 닮고 있다. 세계 패션에 동참하고 동시에 3D 아바타를 즐기고 이를 화제로 삼는 중동국가 젊은이들, 지금은 스마트폰으로 트위터에 몰입하는 신(新)문물족이 계속적으로 늘고 있다. 스티브 잡스가 이끌고 있는 애플의 주가가 상종가를 치는 이유가 여기에 있듯이 말이다.

둘 – 라마단 기간에도 세일즈하는 그들

모로코의 카사블랑카에서 최고 변화가인 하부스 거리는 이슬람 율법에서 잠시 해방된 젊은이들로 발 디딜 틈이 없다. 하부스 인근 1km 노천카페들은 라마단 기간 온전히 20~30대 차지가 된다. 일출부터 일몰시간까지의 금식시간이 지나 '프타르'라고 하는 가벼운 식사를 한 뒤 부모 세대들이 이슬람 사원에 가면 젊은 세대는 카페에서 아이폰으로 게임에 몰입하곤 한다.

'신에게 복종'을 의미하는 이슬람 사회의 변화는 역설적이게도 라마단 풍경에서 적나라하게 드러나고 있다. 이슬람 율법의 상징과 같은 라마단이 세일즈 수단이 되기도 한다.

실제로 지난해 9월 중순부터 시작된 라마단 기간은 카사블랑카에서 외

국 관광객에게 이슬람 전통과 아랍문화를 세일즈하는 기회로 활용되고 있
었다.

변화된 그들의 패러다임 시프트(의식의 전환)에 의해 원자력발전에 대한
기대가 증폭되는 과정에서 사회적인 욕구 분출은 그 이유가 되고 있다.

모로코 국왕 모하메드 6세도 관광객 유치 1,000만 명을 달성하기 위한
'VISION 2010'을 발표해서 실행 중이다. 여기에 따른 반대급부가 아닐
까 싶다.

셋 - 이슬람 실용주의가 대세다

앞에서 소개한 모로코의 경우처럼 개별 국가 차원의 개혁과 개방정책을 펴고 있는 이슬람권은 경제공동체를 형성해 글로벌 무대의 전면으로 나오고 있다. 이번 글로벌 금융위기에서 겪은 학습효과에 따라 모든 이슬람 국부펀드도 미국이나 영국에서 위탁 운용하는 대신 스스로 수익을 찾는 방향으로 정책을 바꿔가고 있다. 따라서 이슬람이라는 동질감을 바탕으로 '하나의 이슬람 시장'을 만들어 국제무역의 변방을 벗어나겠다는 것이다. 이집트와 요르단 등 범아람권 17개국은 2005년부터 아랍자유무역협정(GAFTA)을 발효해 실시하고 있고 사우디아라비아와 UAE 등 6개국으로 이뤄진 걸프협력위원회(GCC)는 미국과 자유무역협정(FTA) 체결을 추진 중이다. '하나의 이슬람 시장'을 만들어 가기 위해 평화적인 원자력발전 이용은 선언적 의미로서, 선택의 의미로서, 결집력의 표출로서 그 이유를 삼고 있다.

이런 세 가지 의미가 단초가 되어 지금까지 서구인들이 가지고 있는 이슬람권에 대한 오해와 편견에서 벗어나는 효과로 인지하기 시작한 것이다. 이를테면 민주화 지연과 종족 분쟁 같은 정치 리스크를 비롯하여 종교행사로 인한 제조업의 어려움까지 해결할 수 있다고 믿고 있다. 곁들여서 부의 집중과 청년실업으로 인한 고질적인 사회발전 저해요인까지 해소하는 다목적용으로서 원자력발전 모드는 이제 대세다. 이것 역시 사회학적으로 보는 세 번째 그 이유다.

5 석유정치학으로 보는 그 이유들

■ ■ ■ ■ 'WTI', '브렌트유', '두바이유'.

우리가 익히 알고 있는 세계 3대 원유의 이름이다. 다 아는 얘기를 새삼 꺼내는 이유는 중동국가에서 불고 있는 원자력발전소 러시에서 석유의 배제는 하나의 허구이기 때문이다. 하나의 픽션에 지나지 않는 것이다. 팩트만 믿는 이들에게서 원유(또는 석유)의 배제는 정체성 부재만큼 무의미하기 때문에 원유의 종류만이라도 인지시킬 필요가 있을 터다. 다시 밝혀두자면 WTI는 'West Texas Intermediate'의 첫 글자를 딴 이름이고 브렌트유는 영국 북해 지역에서 생산된 원유다. 브렌트유는 유럽과 아프리카 지역에서 거래되는 원유 가격의 기준이 된다.

우리가 잘 알고 있는 두바이유는 한국 원유 수입의 90%를 차지할 정도로 셰어 면에서 으뜸이고 동시에 국내 정유사들의 정제시설도 두바이유에 맞춰져 있다.

물론 앞의 두 가지 원유를 수입하는 가격 면에서 조금 싸다는 장점도 어느 정도 기여해서 높은 셰어를 차지한 것두 사실이다.

하나 – 전 세계 질서는 유전(油田)에서

우리는 지난 2008년 7월 원유 1배럴당 147달러라는 고유가 시대를 경험했다. 그해 9월 미국 리먼브라더스 사태를 넋이 나간 채 지켜보기 직전의 일이다. 그리고 다음 해 3월에는 원유 1배럴당 33달러라는 저유가 시대도 실감했다. 고작 8개월 사이를 두고 천당과 지옥을 고르게 경험한 것이다. 이게 수요가 공급의 불일치라면 그래도 이해가 되고 동시에 인내하는 자세도 가질 수 있겠지만 금융공학(金融工學)의 달인 뉴욕 월가의 그 좋은 머리로 만든 작품이라는 점이 백일하에 드러났다. 그들 역시 금융공장(金融工場)의 장인으로 전락한 것이 밝혀진 것은 그다음 일이다.

이런 원유의 진실게임에서 보듯이 석유정치학적으로 보는 그 이유 찾기는 바로 유전이 바른 답이 된다. 앞에서 소개한 세 가지 원유 이름이 가진 의미처럼 65억 지구촌 소비자에게서 원유 가격의 상승과 하락은 이해관계만큼 삶의 질 향상과 직결되고 있다.

중동산유국 입장으로는 고유가가 구세주로서 발전 플랜트에서 미래를 얻게 될 수 있고 반대로 비산유국들은 고유가로 허리띠를 졸라매야 하는 고통의 동반을 의미한다.

이중적 잣대가 공공연하게 존재하는 유전의 비밀을 이해하고 이를 극복하기 위해 지구촌에 불고 있는 그린 뉴딜의 최종 목표를 위한 신재생에너지 기술의 확보에 혈안이다. 반대로 중동산유국들은 고유가 지속에 따라 부족한 인프라 설비구축을 서두르게 될 수 있다. 이를 합리화시킬 수 있는 석유정치학적 접근에서 원자력발전 기대는 큰 의미이자 당위성 확보 차원의 이유로 작동하게 된다.

세계 경제 질서는 유전에서 나올 수 있고 동시에 지구촌에 걸친 '힘의 축(軸)'으로 요동치는 잣대가 된다.

둘 – A Crude Awakening – The Oil Crash

유전의 힘이 크게 작용하는 일을 적나라하게 드러낸 다큐멘터리가 바로 'A Crude Awakening – The Oil Crash'이다. 직역하면 '꾸미지 않는 자각(自覺) – 석유의 붕괴' 쯤일 것이다.

2007년 7월 영국에서 소개된 영화의 제목이고 그 다큐 영화의 주제가 석유였다. 내용은 석유가 고갈된 뒤의 상황을 가상해 본 영화의 하나였다.

영화는 아프리카와 아시아에서 기름 부족으로 인해 소요가 잇따르는 장면을 예상해 보여주고 있다. 소요는 국제분쟁으로 이어져 수백만 명이 목숨을 잃을 것이라는 전망도 담고 있다. 파키스탄과 방글라데시 등 아시아 국가에서는 발전기를 돌릴 기름이 없어 물을 퍼 올리지 못해 식량 생산이 줄어들 것으로 예상했다.

이른바 '피크 오일(peak oil) 이론'을 주제로 삼고 있다. 원유 생산이 정점에 가까워지면 조만간 석유 생산은 급감할 것이라는 이 이론은 무한이 아닌 유한의 원유 고갈을 적나라하게 그리고 있었다. 이에 대비해 원유와 천연가스에서 자유스러운 원자력발전에 거는 기대를 예측한 것이 석유정치학에서 볼 수 있는 그 두 번째 이유다.

셋 – 美·英 패권주의(覇權主義)가 석유를 괴물로 키웠다

멀리 갈 것이 없이 100년 전의 19세기 중반까지 석유는 등불을 밝히는 연료에 불과했다. 미국의 재벌 존 록펠러가 1870년에 세운 스탠더드석유회사는 처음으로 석유에서 의학용 치료제를 찾기 위해 만든 것이다. 그러나 그로부터 100여 년 만에 석유는 세상을 움직이는 '검은 손'으로 등장했다. 그 검고 끈적끈적한 침전물 말이다. 고작 등불을 밝히는 이 침전물은 20세기 이후에 일어난 모든 전쟁과 분쟁, 모든 경제의 흥망과 몰락, 심지어는 지금의 이라크 정쟁과 이란의 핵 지향까지 검은 손인 석유에서 비롯되고 있다.

제1차 세계대전 촉발의 숨겨진 원인도 석유였다. 일반 세계사에서는 오스트리아·헝가리 황태자가 암살당한 것이 제1차 세계대전의 원인이라고 적고 있다. 그러나 황태자가 암살되기 6개월 전에 영국은 이미 독일에 물리력을 행사할 준비를 하고 있었다. 바로 석유 때문이었다.

영향력이 점점 커지고 있던 독일이 석유를 확보하기 위해 베를린에서 바그다드에 이르는 석유 수송라인을 건설하려고 하자 이를 저지하기 위해 기회를 노리고 있었던 것이다. 이 암살에 얽힌 숨은 진실의 배경에도 석유가 있었다. 제1차 세계대전 이후에도 석유를 놓고 경쟁하던 미국과 영국은 동반자의 길을 걷기 시작한다. 통칭 세븐 스타로 불리는 메이저 석유회사(엑손·모빌·텍사코·셰브런·로열더치셸·BP·걸프)들은 이때 두 나라에 의해 만들어졌다. 이 회사들은 이때부터 세계 석유의 채굴과 정제, 판매와 유통에 대한 독과점 권리를 행사하기 시작했다.

여기에 그치지 않고 중동국가에서 시추에 소요되는 자금을 투자해서 막대한 부와 권리를 거머쥐게 되었다. 엄밀하게 구분하자면 중동산유국은 이들과 합작해서 석유의 수요와 가치를 높여서 오늘과 같은 부국의 터전을 이룩한 셈이다. 이들 나라는 원유 1배럴당 35달러를 예상해서 모든 국가예산과 재정을 짜고 있다고 한다. 올해 2월의 원유 1배럴당 국제 시세가 75~80달러 내외인 점을 감안하면 그만큼 부족한 인프라 지출의 여분이 얻게 됨을 의미한다. 그 힘에 의해 원자력발전 건설비용을 충당할 수 있다는 계산이 석유정치학적으로 보는 세 번째 이유에 해당한다. 美·英 패권주의가 키운 괴물이 결국 천문학적 자금이 원자력발전의 시드머니가 될 수 있음을 알 수 있다.

PART 2에서의 결론은 최근 중동국가에서 경쟁적으로 일고 있는 원자력발전 러시는 일반적인 네 가지 사실에서 비롯되었다.

내가 객관적인 사실로 기술한 대로 석유의 고갈로부터 시작해 지구온난화 방지와 기후변화 대응, 그리고 이산화탄소 감축 등 대강 4가지가 주된 이유다.

하지만 생각을 바꾸고 시각을 넓혀서 살펴보면 또 네 가지 카테고리가 떠오르게 된다. 따라서 여기에 기후변화로 보는 이유(3개)와 지정학적(3개), 사회학적(3개), 그리고 석유정치학적(3개)으로 정리한 그 이유까지 대략 16개를 소개했다. 다른 추가는 지금 중동국가의 이유 있는 미들베이션이 우리가 생각하는 차원의 그것과 달리 발전하고 있다는 점이다. 그것도 매우 빠르게 말이다.

예를 들면 정보기술(IT)과 통신기술(CT)이 융합되는 추세에 맞추어서 유선(有線) 시설을 배제하고 무선(無線)으로 한 단계를 뛰어넘는 시스템 운영이라든가 2D 세계에서 3D 기술세계로 직행하는 일이 다반사로 이어지고 있다. 그린 ICT에 통달했다는 의미로 보아도 된다.

실제로 중동산유국 도시에 구축한 무선중계기는 거의 모두가 30m 이상의 거리 가로등처럼 폴이 드높게 설치해 놓고 있다. 기술적 발전에 의해 새롭게 매번 세우는 우리와 다르게 처음부터 향후 ICT 발전모드를 예상하여 기술개발에 따라 4D까지 수용하는 데 별로 지장이 없게끔 준비해오고 있다. 이게 바로 원자력발전을 기대하는 중동국가의 현주소다.

PART 3
중동국가에서 뛰고 있는 원자력발전 드림팀

1 노형대전(爐形大戰)
삼국지(三國志)

■ ■ ■ 실라(Sila) · 츠쑹(赤松) · 올킬루오토(Olkiluoto).

힌트 하나는 지명이다. 다른 하나는 실라는 도시국가 아부다비에 소재하고 있고 츠쑹은 중국 백두산 인근이고 올킬루오토는 핀란드에 있는 도시다. 또 다른 하나는 전 세계가 펼치고 있는 그린 뉴딜에서 새롭게 주목을 받기 시작한 상용 원자력발전소를 짓고 있거나 짓기 위해 터를 다듬고 있는 곳이다. 가히 세계사적 노형대전(爐形大戰)에서 삼국지(三國志)가 펼쳐지고 있는 가운데 이 세 곳은 주목 이상의 스포트라이트를 받기 시작했다.

물론 실라는 코리아 컨소시엄의 'APR1400' 으로, 츠쑹은 미국 웨스팅하우스의 'AP1000' 으로, 올킬루오토는 프랑스 아레바의 'EPR1600' 으로 말이다.

내가 힌트를 삼는 데서 이미 눈치를 챌 수 있겠지만 이들은 한결같은 공

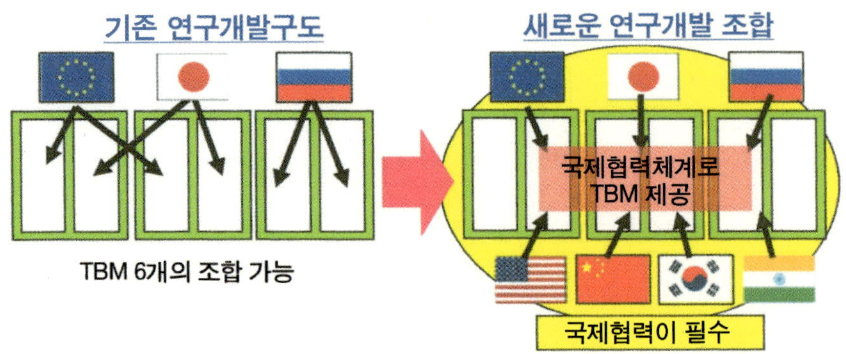

통분모를 지니고 있다. 목하 중동국가에서 원자력발전의 르네상스를 쓰기 위해 8월 염천의 기온이 40도를 오르내리는 사막지대 중동국가에서 뛰고 있는 원전 삼총사가 그들 면면이기 때문이다.

세계 원전시장 점유율

세계원자력협회(WNA)가 발행하는 자료에 따르면 세계 원전시장 점유율을 다음과 같이 발표하고 있다. 우선 미국 웨스팅하우스의 28%를 비롯하여 프랑스 아레바는 24%로 그 뒤를 잇고 있다. 3위는 20%의 미국 GE가 차지하고 있다. 그다음은 러시아 AEP의 10%와 캐나다 AECL의 5%가 뒤를 이어가고 있다. 남은 13%는 다른 군소업체가 차지했다.

이 자료대로 미국 웨스팅하우스는 원전분야의 최강자다. 매출은 20억 달러에 종업원은 9,000명에 달한다. 덩치는 프랑스 아레바에 비해 적지만 원천기술을 보유하고 있어 원전 분야의 마이크로소프트로 통한다.

확대되는 원자력발전 설비용량과 일본 우라늄 수요

세계적인 우라늄마켓의 조사회사 Ux Consulting이 발행하는 'Uranium Market Outlook Q2 2009'는 아시아 원전시장을 자세하게 기술하고 있다.

한국과 일본에서의 원전 이용이 80%를 차지하고 있으나 향후 중국과 인도에서 원자력발전량이 크게 증가할 것으로 예상했다. 중국에서는 80% 정도가 석탄에 의한 발전이 이루어지고 있으나 환경대응 및 향후 에너지 수요 증대에 대한 대응책으로 원자력발전에 크게 기대를 걸고 있다고 밝혔다. 중국정부는 원자력발전량을 2007년의 9GW에서 2020년까지 40GW로 증가시킬 계획이며 현재 16기의 원자로 건설이 진행되거나 적어도 8기의 건설이 개시될 예정이라고 전망했다.

또 이 보고서에 따르면 최근 중동국가에서 일고 있는 원전 건설 붐은 향후 우라늄시장을 크게 요동치게 할 요인으로 떠오르고 있다고 기술하고 있다. 이를 위해 일본은 종합상사를 내세워 카자흐스탄에서 우라늄 광산

원자력 발전에서의 TBM방식
(●은 주안점 표시임)

	日	欧	美	露	中	韓	印
固体増殖/He冷却	○	●	○	○	●	○	○
LiPb増殖/He冷却	○	●	●		●		●
固体増殖/水冷却	●	○			○		○
液体Li増殖	○			●		●	
溶融塩増殖	○						

을 사들이기 시작했다.

카자흐스탄은 세계 2위의 우라늄 매장량을 보유하고 있지만 다른 우라늄 자원국에 비해 증산 여지가 커서 일본의 우라늄의 주요 공급국으로 평가를 받고 있다. 카자흐스탄의 남부 West Myunkduk 광구에서의 우라늄 채취는 공급 측면에서 괄목할 만한 성적표를 쌓고 있다.

17번째 그 이유

바로 앞 장에서는 이유가 있는 중동국가의 원전 러브콜 16가지 제시가 주제였다. 하지만 노형대전의 삼국지에서 17번째에 해당하는 그 이유와 회우를 맞게 된다.

예를 들면 미국 웨스팅하우스는 북핵 문제가 완결되기 어려운 상황에서도 중국 츠쑹에 원자력발전소 건설을 발표했고 프랑스 아레바는 스웨덴 올킬루오토에서 원전 삽질을 시작했다.

최근 해외발전 플랜트에 면허장을 거머쥔 코리아 컨소시엄은 UAE 아부다비 실라에서 원전 APR1400의 2기를 세우게 된다. 실라는 사우디아라비아 국경과 지근의 거리다. 원자력발전의 평화적 이용에 따라 미국과 중국이 합세했고 한국이 중동국가와 코드를 맞추고 있다. 하지만 이것이 좀 이상하지 않는가. 좀 이해가 덜 되지 않는가.

이러한 이유로 관전 포인트는 최근 미국이 이란을 둘러싼 주변국들에게 미사일방어(MD) 시스템을 구축한 것에서 의미를 찾고 있다.

　이란의 핵 개발 문제로 서방과 갈등 중인 이란의 무력도발 가능성을 억제하기 위한 조치로서 MD 시스템 구축에 이어 사우디와 쿠웨이트, UAE와 카타르 등 이란 주변국들에 패트리어트 미사일 등 지상요격 시스템을 갖추기 시작했다.

　최근 들어 미국은 아라비아 만(灣)에 이지스함(艦)까지 배치하고 있어 이란을 압박하는 반면 러시아를 달래는 형국을 연출하고 있다. 이게 그 이유 있는 17번째 관전 포인트의 시말이 된다. 과장하자면 한 편의 전쟁영화를 보는 느낌까지 들게 한다. 때문에 PART 3의 '노형대전의 삼국지'는 과거나 미래가 아닌 현재상황이라는 점에서 중동국가에서 불고 있는 원자력발전소 건설 러시는 핵의 평화적 문제 해결책으로서 이산화탄소 감축에 큰 무게가 실리고 있다.

2 삼색기(三色旗)를 등에 업고
뛰는 프랑스 아레바

■ ■ ■ 세계 원자력발전 삼국지를 쓰고 있는 프랑스 아레바(Areva)는 한국에서도 낯설지 않다. 이미 한국수력원자력과 핵 폐기물기술 양해각서(MOU)를 맺는 등 기술적 관계는 형성되어 있다. 하지만 이번 UAE 원전수주를 통해 더 많이 인구에 회자되었기 때문에 아레바 하면 프랑스, 프랑스 원전 하면 아레바가 연상될 수준의 연상관계로 발전되었다. 여기에서 배제하기 어렵게 니콜라 사르코지 프랑스 대통령의 '스킨십의 대통령'이라는 닉네임에 의한 원전외교는 국내외에 잘 알려진 비화다.

이번 UAE 원전 수주전에도 참가해 지난해 5월 칼리파 대통령을 직접 방문했고 그것도 못 미더워서 자신의 최측근인 비서실장까지 보내는 수준의 수주외교를 펼쳤다. 세계 원전시장의 24%를 차지하고 있는 아레바 컨소시엄을 위해서다.

물론 여기서 말하는 아레바 컨소시엄은 아레바를 비롯하여 EDF와 GDF Suez, 그리고 TOTAL 등을 아우른다.

아레바는 지난 2001년 프랑스 원전업체인 CEA Industry와 COGEMA, 그리고 FRAMATOME 등을 통합해 설립된 회사다. 종업원 7만 5,000명에 달하는 맘모스급 원전회사인 아레바는 원자로 설계를 비롯하여 우라늄 채광과 핵연료 재처리 재활용원자로 제작에 이르기까지 수행하는 세계 최고의 경쟁력을 갖춘 메이커에서도 톱메이커에 속한다.

이러한 맘모스급 회사가 이끌고 있는 아레바 컨소시엄을 이번 코리아 컨소시엄이 뛰어넘어 원전수주 판도를 뒤엎는 일에 성공한 것이다.

그 후에 알려진 사실이지만 프랑스 아레바 컨소시엄은 UAE 입찰에 한국 기업이 입찰 명단에 있는 것을 보고 UAE가 가격 협상용으로 끼워 넣는 정도로 생각했다고 한다. 그런 한국에 패했으니 그 충격은 클 수밖에 없을 터다.

과학과 기술에 대한 조성위원회(CIRST)

파리 센 강을 사이에 두고 루브르 박물관을 마주한 곳에 '라 도큐망타시옹 프랑세즈'라는 정부간행물 판매소가 있다. 이곳에 가면 수십 년 전부터 쏟아져 나온 온갖 보고서와 각종 연구소가 산처럼 쌓여 있다. 여기에서는 프랑스 중앙정부가 펴낸 〈21세기로 진입하기 위한 80가지 아이디어〉를 비롯하여 〈유럽 2010 − 5가지 시나리오〉와 〈2010년 전략의 해〉 등도 보인다.

이러한 연구결과를 토대로 프랑스 정부도 전략기구가 움직인다. 과학기술부의 자크 베르나르 연구국장은 범부처 간 '과학과 기술에 대한 조정의원회(CIRST)'를 소개하면서 이 위원회가 선정한 우선순위를 밝혔다.

'인문사회과학(도시·노동력·학교)', '우주 부문(지구관측·인공위성 운영)', '신재생에너지 이용(태양광·원자력발전·핵폐기물 재처리)' 등을 거론하고 있다. 앞으로 CIRST는 민-관-산-학(民-官-産-學)을 여러 정교한 망(網)으로 엮으면서 우선순위 분야를 지원할 것이라고 베르나르 씨는 말했다.

이처럼 프랑스는 21세기 생존전략으로서 신재생에너지 활용과 판매를 그들의 국가경쟁력이자 미래 먹을거리로 가늠하고 있음을 알 수 있다.

장쩌민 국가주석의 빅딜

이런 정책적 입장 확보는 올해로 12년 전으로 거슬러 올라간다.

1998년 10월 22일(현지시각).

프랑스는 미국의 국가미사일방어체계(NMD) 때문에 온통 난리였다. 대서양 저쪽에서 그들이 대륙 간 탄도 미사일을 완벽하게 요격할 수 있는

NMD를 갖춘다는 것은 프랑스에 도전이나 다름없다.

이날은 하루 종일 비가 뿌렸다. 마침 장쩌민(江澤民) 당시 중국주석이 빗속에 영국을 거쳐 프랑스에 왔다. 자크 시라크 대통령은 이례적으로 퍼스트레이디 베르나르네트 여사의 선거구인 코레즈의 사설 별장에서 장 국가주석을 맞이했다. 철저하고 절제적인 시라크 외교정책은 '신뢰'와 '실리'로 이어졌고 프랑스와 중국의 접근까지 NMD와는 무관하지 않게 작용하기 시작했다. 그 결과 장 국가주석은 프랑스로부터 에어버스 28대를 구매하겠다고 전격 발표하기에 이르렀다.

지금의 니콜라 사르코지 대통령의 전매특허인 '스킨십의 대통령'도 자크 시라크 대통령의 모방품이라는 말이 빈말이 아니게끔 답습되고 있다.

이런 프랑스 정상 외교정책은 12년이 흐른 지금도 유효하게 지속되어 원자력발전 수주에도 이용함이 예사롭지 않다고 볼 수 있다.

평화·자유·박애를 상징해서 만든 프랑스의 삼색기(三色旗)를 등에 업고 중동국가에서 뛰고 있는 아레바의 선전도 그대로 닮은꼴이 아닌가 싶다.

3 124년 역사의 미국 웨스팅하우스

■ ■ ■ ■ '공기제동기', '파이프 운송장비', '표준화'.

124년 역사의 미국 웨스팅하우스를 세 마디로 표현하라면 모범답안은 이런 것이 아닐까 싶다.

웨스팅하우스의 창업자 조지 웨스팅하우스(George Westinghouse · 1846~1914년)에게서 이 세 가지 업적은 곧 세계 원자력발전 기술적 토대로 발전하게 된 동기 부여로 이어진다. 그러니까 조지 웨스팅하우스가 이 회사를 창업한 1886년은 한국의 고종황제 시대이고 일본은 메이지(明治) 19년에 해당한다. 올해로 124년 전에 일어났던 일이다. 하지만 1907년 조지 웨스팅하우스는 회사 재정난을 이기지 못하고 경영권을 물려주고 말년에 이르러서는 7년 동안 야인으로 살다 결국 1914년 3월 뉴욕에서 이승을 등지게 된다.

도시바(Toshiba)의 품으로

2006년 2월 월스트리트저널(WSJ)은 웨스팅하우스의 새 주인이 일본 도시바로 바뀌었음을 전했다. 도시바(東芝)는 웨스팅하우스의 당시 최대 주주인 영국 BNFL의 주식 100%를 사들여서 기업 인수합병(M&A)을 마무리하게 되었다.

인수가격으로 당초 예상가 25억 달러의 두 배에 가까운 54억 달러를 투자해서 말이다. 도시바는 이를 통해 단숨에 세계 원전시장의 최강자로 도약하게 되었다. 도시바의 웨스팅하우스 인수는 중장기 원전 붐을 겨냥한 장기 포석의 성격이 짙다고 WSJ는 전망했다. 인수 당시인 2006년은 고유가가 장기화되고 있었고 러시아와 베네수엘라 등의 자원 민족주의가 강화되면서 그동안 기피 대상이었던 원자력발전이 다시 주목을 받기 시작하자 도시바는 이를 인수의 기회로 여긴 것이다.

도시바의 아쓰토시 니시다 회장은 "웨스팅하우스 인수는 수십 년 후를 내다본 결정"이라고 인수의 변을 밝혔고, 이어서 "이번 상거래는 장기적으로 이익이 될 것이다"라고 전망했다. 한때 웨스팅하우스 인수전에 뛰어들었던 두산중공업 최고경영자는 "웨스팅하우스는 IT업계로 치면 마이크로소프트나 인텔과 같은 회사다"라고 정리하기도 했다. 여기에 그치지 않고 웨스팅하우스 M&A에 관해서 이렇게 아쉬움을 표하기조차 서슴지 않았다.

"웨스팅하우스는 인수 가격은 54억 달러였지만 다른 사업부와 함께 팔려갔기 때문에 원자력 기술만 따져보면 20억 달러 정도에 넘어간 셈이다.

그런데 원자력 발전이 화석연료를 대체할 유일한 방법으로 떠오르면 전 세계에서 300조 원의 시장이 열린다고 한다. 우선 20억 달러는 적은 돈이 아니다. 300조 원 규모의 시장이 눈앞에 펼쳐지니 그때 사오지 못한 게 우리에겐 두고두고 후회로 남는다(〈중앙일보〉 2009. 10. 9. 참조)."

한국 원전 역사에 큰 획을 긋는 지난해 12월 27일로부터 2개월 전의 코멘트에 해당한다.

아쉬운 점은 인수 당시 웨스팅하우스의 매출액은 17억 8,000만 달러(2005년 통계)이고 영업이익은 1억 5,300만 달러로 알려지고 있었기에 더더욱 그렇다. 동시에 올해 세계 원전시장 점유율에서 웨스팅하우스가 차지하는 수치는 28%로 프랑스 아레바의 24%보다 4%가 더 많다.

차세대 원자력발전에 올인하는 오바마 행정부

미국은 비록 도시바의 소유이지만 세계 원전시장 셰어 면에서 단연 톱을 차지하고 있다. 웨스팅하우스의 28%와 GE(일본 日立와의 컨소시엄 포함)의 20%를 합하면 48%에 달한다.

최근 오바마 행정부는 세계 원전건설의 르네상스를 맞아 올해 2월 1일(현지시각) 공개된 2011년 예산안에 원전건설 보증용으로 540억 달러를 추가 배정시킬 것을 발표했다.

지난 2005년 미국 의회가 원전건설 재개를 위해 배정해 놓은 185억 달러로는 부족하다는 판단에서다.

국내 한 언론사의 보도에 따르면 오바마 대통령은 올해 1월 27일 국정 연설에서 원전건설을 주요 정책과제로 꼽고 차세대 원전 건설 지원을 위해 정부 보증을 늘리겠다는 뜻을 밝힌 바 있다. 그리고 2011년 예산안 발표가 있었던 날로부터 꼭 보름 만에 그 역사적인 오바마 대통령의 '메릴랜드 선언'이 나왔다.

올해 2월 16일 오바마 대통령은 메릴랜드 주 랜햄의 한 에너지 관련 직업훈련소를 방문한 자리에서 조지아 주 버크카운티에 원전 2기를 건설하겠다고 발표했다.

정부는 이 사업에 80억 달러의 대출보증을 하기로 했다.

미국은 1979년 펜실베이니아 주 스리마일 섬의 방사능 누출사고 이후 신규 원전 건설을 사실상 중단해 왔었다. 그로부터 31년 만에 원전 해금의 족쇄가 풀리는 계기로 발전할 수 있게 된 것이다. 이날 발표를 통해 미국은 원자력을 새로운 대체 에너지원으로 활용하고 미래 미국의 수출상품으로 육성하겠다는 의지의 표현으로 풀이된다.

최근 전 세계에서 온실가스 감축의 요구가 높아지자 오바마 입장은 달라지기 시작했다. 최소의 비용으로 온실가스를 줄일 수 있는 유일한 대안이 원전밖에 없다는 것을 간파한 것이다.

중동국가에서 불고 있는 원자력발전 붐도 일정 기간 기여한 부분이자 그 이유로서 작용함을 알 수 있다. 더욱이 정치적으로 미국 상원에 발이 묶인 기후·에너지 법안을 통과시키기 위해 원전 카드를 쓰는 게 불가피했다. 기후·에너지 법안은 2009년 6월 하원을 통과했으나 상원에서는 공화당 반대로 상원에 계류 중이다.

　이러한 공화당 입장을 누그러뜨리자면 기업 부담을 덜어줘야 하는데 이를 위해서는 원자력발전이 필요함에 동감한 것으로 이해된다.

　우선 화력발전소가 뿜어내는 온실가스를 많이 줄여주면 그만큼 기업부담이 줄어듦을 그들이 모를 수 없다. 특히 상원에 계류 중인 법안은 미국이 온실가스 배출을 2050년까지 80% 줄이도록 규정하고 있기에 그렇다. 이를 달성하자면 향후 40년 동안 지금의 104 원전 가동에 이어 새로 180개 원전이 필요하다는 연구결과를 알고 있음도 같은 맥락일 것이다.

　따라서 이미 미국 의회가 승인한 185억 달러의 원전 건설 보증용 예산은 124년 기업역사를 자랑하고 있는 웨스팅하우스를 비롯하여 GE 등이 다시 도약하는 기회를 잡을 수 있는 길이 더 가까워짐을 의미한다. 그래서 노형대전의 삼국지는 더 흥미를 더하고 있다.

4 해외원전 플랜트
면허장을 거머쥔
코리아 컨소시엄

■ ■ ■ 한국 원자력발전 역사를 다시 쓰고 있는 코리아 컨소시엄의 주역 한국전력은 올해 들어 전 세계적인 언론매체로부터 스포트라이트의 맨 중앙에 서 있다.

특히 한국전력을 이끌고 있는 김쌍수 사장은 연일 표정관리에 바쁘다. 중동국가 UAE로부터 400억 달러에 달하는 원자력발전 수주에 성공한 일등공신이기 때문에 그에게 필요한 것은 완벽한 원전시설로 이를 증명하는 일이 과제로 남게 되었다. 그게 곧 표정관리의 이유가 되었다.

김쌍수 한국전력 사장은 지난해 7월 1일 한국전력 제48회 회사 창립일 즈음하여 '켑코 뉴 비전(KEPCO NEW VISION)'을 선언했다.

김쌍수 사장은 "오는 2020년 매출 760억 달러(85조 원), 이 가운데 해외매출 250억 달러(27조 원)를 달성해 세계 10위권의 전력회사에서 세계 5위의 전력회사(Global Top 5 Utility for Green Energy)로 비상(飛翔)하겠다"고 당당히 선포했다.

당시 한국전력에서 2020년은 너무나 꿈같은 먼 미래였다. 매출은 32조 원에 이익은 2조 9,000억 원 적자였다. 해외매출은 5,000억 원에 불과한데 김 사장은 매출은 3배 늘어난 85조 원에 이익구조는 만년 적자계정에서 5조 1,000억 원 흑자로 얘기한 것이다. 과장이 지나친 난센스였다.

왜냐하면 해외매출을 60배 증가시킨 27조 원으로 설정한 것 그 자체가 무모함에 가까웠기 때문이다. 그러나 지금은 어느 누구도 한전의 이와 같은 목표를 의심하지 않고 있다. 코리아 컨소시엄이 수주한 UAE 원전 4기(5,600MW)는 설계와 시공, 준공 후 운영지원과 연료 공급을 포함한 초대형 해외원전 프로젝트로서 총 계약금이 200억 달러이다. 발전소 준공 이후 운영까지 포함하면 400억 달러(47조 원)에 달한다. 게다가 2017년 첫 1기가 준공된 이후 매년 1기씩 준공의 일정이 잡혀 있다. 한국전력은 원전발전을 시작한 지 30년 만에 세계에서 미국과 프랑스, 캐나다와 러시아에 이어 다섯 번째 해외원전 수출국으로서의 국가 위상을 드높게 되었다.

프랑스 유력지 르피가로는 코리아 컨소시엄이 프랑스 아레바를 겪고 사업자로 결정 난 일은 "파리 생제르맹 FC(프랑스 프로축구 1부 리그의 강팀)가 3부 리그 팀에 진 것 같은 느낌이다"라고 전하기도 했다. 한전은 UAE를 비롯하여 터키와 중국, 요르단을 원전 최우선 수출국가로 예상하고 있다.

최근 이명박 대통령의 인도 방문에 의해 인도는 중형 수주 예상국가로 분류해 모든 역량을 집중하고 있다. 따라서 한전은 2020년 해외매출 목표 27조 원 가운데 원전부문의 5조 3,000억 원 수주는 가능할 것으로 예단하고 있다.

UAE 유력지 〈걸프뉴스〉 극찬

최근 UAE 유력지 〈걸프뉴스〉는 아부다비 실라에 짓게 될 원자력발전소 특집을 게재하면서 코리아 컨소시엄에 대한 르포기사를 내보냈다. 기사 내용 중 한전 본사 지하 2층에 설치한 워룸(war room)에 관한 르포는 퍽이나 감동적이었다.

김쌍수 한전 사장은 2009년 9월 방한 중인 모하메드 알 하마디 UAE 원자력공사 사장을 워룸으로 안내했다. 김 사장은 워룸 안에 있는 야전침대를 가리키면서 "여기 직원들은 집에도 안 가고 밤을 새워서 UAE 원전 수주에만 목을 매고 있는 사람들이다"라고 소개했다. 이러한 비장함이 결국 하마디 사장의 뇌리에 각인은 물론 그의 실사 가방 안에 들어가 결국 칼리파 대통령과 모하메드 왕세자에게 그대로 전해지게 되었다고 한다.

하마디 사장의 코멘트가 이 신문매체의 말미를 이렇게 장식했다.

"UAE 원전 수주에 나선 프랑스와 미국, 일본에도 실사차 가보았지만 한국의 워룸처럼 전투적으로 준비하는 사람은 처음 보았다."

2030년까지 원전 80기 수출

한국 이명박 정부는 오는 2030년까지 80기의 원자력발전을 수출하고 세계 3대 원전 강국으로 도약하는 등 재정지원과 함께 육성을 통해 원자력발전을 신경제성장의 수종산업으로 키우겠다고 발표했다.

올해 1월 13일 지식경제부는 울산광역시 고리원전 제2건설현장에서 열린 제42차 비상대책경제회의에서 이러한 내용의 '원자력발전 수출산업화 전략'을 이명박 대통령에게 보고했다.

지경부의 보도자료에 따르면 이 대통령은 이 자리에서 "원자력발전은 미래 성장동력산업으로 적은 비용에도 큰 효과를 내는 것은 물론 고급 일자리 창출에 기여한다"면서 "원자력산업이 수출산업이 된다는 것은 나라의 품격을 매우 높이는 것이다"라고 격려했다고 한다. 발표된 원자력발전 수출전략은 오는 2012년 원전 10기, 2030년까지 80기를 수출해 새로운 원전 수출 강국으로의 도약을 지향하는 것으로 짜여 있다. 이를 위해 정부는 두 가지 세부사항에 주력할 것이라고 한다. 하나는 태부족인 전문인력의 충원이다.

다른 하나는 연구개발(R&D)에 적극적인 지원 정책의 뒷받침이다. 먼저 2011~2017년까지 신규 R&D 프로젝트에 총 4,000억 원을 민과 관이 공동 투입해 진행하기로 했다.

관의 주도에서 민의 주도와 병행한 관계로 국내 최초의 'R&D+B(비즈니스 지향)'라는 구체적인 새로운 조류로서 새 지평의 개념으로 연구개발을 도입한다. 산학관 개념의 정착을 이번 원전 신규 R&D에서 시작한다는 신호로 볼 수 있다. 곁들여 원전 원료인 우라늄의 자주 개발률을 현재 6.7%에서 2030년에는 50%까지 높이기로 했다. 이러한 일들이 제대로 추진되면 한국의 원전산업은 르네상스를 맞고 동시에 반도체와 조선에 이어 우리 기대주로서 한 자리를 차지할 것이 예단된다.

PART 3에서의 결론은 중동국가에서 뛰고 있는 원자력발전소 건설 메이커 세 팀을 살펴보았다. 한마디로 만만한 상대가 아니라 그들과의 일전은 물론 그들과 손을 잡는 일도 병행하는 일이 다반사로 이루어질 것을 예상해 사자성어에서 배우는 자세와 지혜가 어느 때보다 필요할 것 같다.

특히 오바마 대통령의 '메릴랜드 선언'으로 중동국가가 불에 기름을 붓게끔 더 강하게 달아오를 것이 예상되고 있다.

한마디로 '지피지기(知彼知己) 하면 백전백승(百戰百勝)'이라는 사자성어처럼 말이다.

중동국가가 요구하는 원자력발전 노형(爐形)은

액션 플랜의 두 거목

액션 플랜 1

■ ■ ■ 원자력은 지구온난화를 유발하는 온실가스를 배출하지 않고 전력을 생산할 수 있다. 전 세계 과학자들은 이번 세기 중반까지 이산화탄소 배출을 지금의 60%까지 감축해야 한다고 보고 있다. 그때가 되면 에너지 소비는 3배가 된다. 따라서 원자력을 2배나 3배 늘린다고 문제가 해결될 수 없다.

지금보다 20배는 늘려야 이산화탄소 감축을 감당할 수 있다. 그렇지 못하면 전 지구적인 재앙에 직면할 것이다. 또한 현재도 전기를 마음대로 사용하지 못하고 있는 인류의 60%를 위해서라도 원자력은 필수다.

액션 플랜 2

2050년까지 인류가 지금과 같은 발전 속도를 유지하려면 1GW 규모의 원자로를 매일 1개씩 만들어야 한다. 아니면 세계 190여 국가가 석탄과 석유 사용량을 줄이는 데 모두 동의해야 한다.

앞에서 소개한 '액션 플랜 1'은 존 리치(John Ritch) 세계원자력협회(WNA) 회장이 지난 2007년 7월 한국을 방문했을 때 했던 멘트다.

존 리치 회장은 클린턴 행정부 시절 7년간 오스트리아 빈의 UN 산하 IAEA에서 미국 대사를 지낸 세계적인 원자력 전문가다. 그는 이미 2년 전부터 한국 해외원전 플랜트산업 수출을 독려한 장본인이다. 원자력은 가장 안전한 에너지임을 내세웠고 지금보다 20배 이상 늘려야 이산화탄소 배출을 줄일 수 있음까지 강조했다. 특히 그는 한국이 공략할 수 있는 시장을 이렇게 정리하고 있었다. 2년 전에 말이다.

"원전을 보유하지 않는 나라를 골라서 미리 관계를 형성해 좋은 이웃이 되어야 한다. 그게 좋은 투자다. 인도네시아나 베트남은 특히 에너지가 많이 필요하다. 그 나라들의 '원자력 대부(good father)'가 되어야 한다.

호주도 한국의 파트너가 될 수 있다. 한국의 기술은 검증되었기 때문에 하루빨리 다른 나라들과 관계를 형성하는 게 중요하다.

그렇지만 중국은 자체적으로 원전을 지으려 할 것이기 때문에 매력적인 시장이 되지 못할 것이다. 중국은 기술적으로도 아직 통일이 되지 않아 외국 기업이 참여하기는 매우 어렵다."

반면 '액션 플랜 2'는 〈그린 코드〉로 녹색혁명에 불을 지핀 뉴욕타임스 간판 칼럼니스트 토머스 프리드먼(Thomas L. Friedman)이 2009년 2월 방한하여 '2009 그린 포럼'에서 행한 연설의 요지다.

그는 "현재 전 세계가 직면한 에너지 부족과 지구온난화 방지를 해결하기 위해서는 그린 테크가 필요하다. 그리고 원자력과 같은 청정에너지 개발에 주도권을 가진 나라가 향후 세계 에너지와 환경 시장을 선점하는 것은 물론 전 세계적으로 우월한 지위를 차지할 것이다"라고 강조했다.

세계적인 에너지와 환경의 대가들이 이처럼 지적하고 있듯이 원자력발전의 필요성과 당위성은 이제 명분론에서 자유롭게 되었다. 하긴 두 가지 원전사고에 의해 65억 지구촌 소비자들은 '원자력 발전=인류의 재앙'으로 규정해서 반대에 반대로 일관했다.

1979년 미국의 스리마일 섬 방사능 누출사고와 1986년 러시아의 체르노빌 원전사고가 이러한 생각을 갖게 하는 단초가 되었다. 따라서 미국은 스리마일 원전사고를 겪은 후 31년간 신규 원자력발전소 건설이 중단되었다.

그러나 2005년 부시 전 대통령은 '뉴 클리어 파워 2010 계획'을 발표하면서 "이제 미국도 원전 건설을 다시 시작해야 할 시점이다"라고 천명했다.

러시아 역시 체르노빌 원전사고라는 아픔을 겪으면서 다시 원전산업에 뛰어들었다. 2007년 11월 출범한 에너지 관련 국영기업인 로스아톰은 2030년까지 러시아에만 원전 42기를 짓고 해외에도 60기를 건설하겠다는 야심 찬 포부를 밝혔다.

여기다가 원전 58기로 프랑스 전력의 80%를 충당하고 있는 프랑스의 성공사례는 결국 중동국가에 원전 붐의 불을 지피는 결과를 가져왔다.

이러한 중동국가에서 생긴 '원전모드'는 코펜하겐 시대가 요구하는 수준의 온실가스 감축이 더 이상 미룰 수 없다는 판단과 함께 지정학적인 이란의 보유 핵(核)정책을 보완하는 차원에서 비롯된 원전 수요라고 정리할 수 있다. 때문에 이번 장은 최근 400억 달러에 달하는 UAE 아부다비 원전 수주에 고무된 중동국가들이 그들의 변방인 코리아 원전에 요구하는 원전 노형(爐形)은 도대체 어떤 것일까 하는 의문이 일게 마련이다.

이들 2010년 시각으로 다시 정리해 보자. 물론 나는 이 분야에서 부족한 점이 많아 한국수력원자력(주)이 발행한 〈Nuclear Power Note 2008〉(265쪽)을 테스트로 삼아 집필의 노하우만 가미했음을 밝혀둔다.

또 다른 밝힘은 최근 산유국으로서 국부펀드를 조성해 운용하고 있는 대부분의 중동국가들이 한국 원전에 관한 문의가 다양한 채널을 통해 오고 가는 것을 지켜보면서 이 책을 영문으로 다시 편집해 도움말을 주기 위함이다. 물론 정보의 공유 차원도 포함된다.

2 UAE 아부다비 실라에 건설될 APR1400

■ ■ ■ 울산시 을주군 서생면 신고리에 가면 올해부터 UAE 아부다비 실라에 건설될 원자력발전소 모델을 볼 수 있다.

신고리 3·4호기가 그 모델이다. 모델명은 'APR1400'이다. 신고리 3호기는 2013년 9월 완공 예정으로 돔(dome: 반구형 지붕)을 제외한 몸통 부분이 거의 모습을 갖추었다. 그런데도 이 원자력발전소를 보기 위해 중동국가를 비롯한 인도네시아와 필리핀 등의 각료들이 연일 찾아오고 있다.

지난 한 해 동안 13개국 1,300명이 찾아왔다고 한다. 30년 전에 크게 소개된 새마을운동을 보는 것과 마찬가지로 목하 세계적인 뉴스의 산실까지 겸하고 있다.

APR1400 모형도

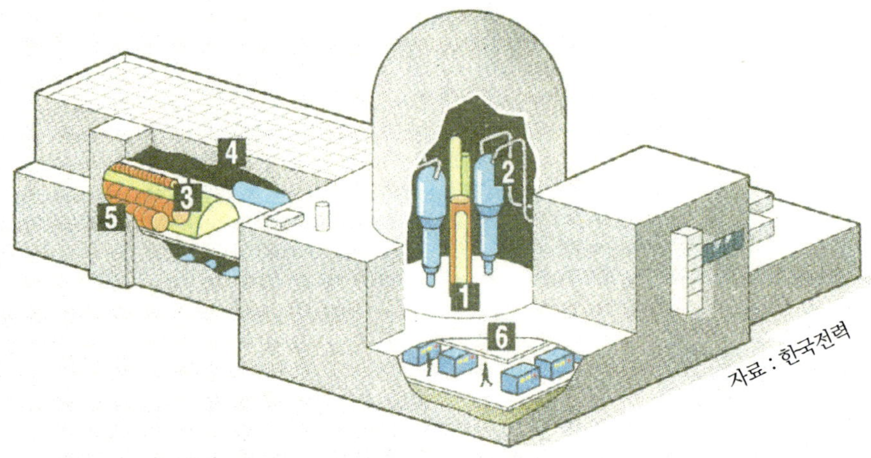

1 원자로 : 핵분열 반응이 일어나는 곳. 자동차의 엔진에 해당
2 증기발전기 : 핵분열 때 나오는 열을 이용해 물을 고압의 수증기로 변환
3 증기터빈 : 수증기의 힘으로 고속 회전하는 장치. 발전기에 직접 연결돼 발전기를 돌려줌
4 주조정실 : 원자력 발전소 저체를 운영 · 감시하는 곳
5 발전기 **6** 사무실

원전 경쟁력 비교

국가별	설비규모(MW)	건설 단가(달러/MW)	발전 단가(센트/KWh)
한국 APR1400	1,400	2,300	3.03
프랑스 EPR1600	1,600	2,900	9.93
일본 ABWR	1,350	2,900	6.86

자료 : 지식경제부

2012년 이후 원전 기술수출국이 되다

UAE에 수출하는 원전 모델 APR1400은 시간당 1,400MW 전기를 생산하는 원전 3세대 제품(또는 작품)이다. 현재 한국에서 건설 중인 신울진 1호기, 2호기와 신고리 3호기, 4호기에 이 원자로가 적용되고 있다.

APR1400은 첫 한국 표준형 원전인 OPR1000을 업그레이드한 것으로 OPR1000과 비교하면 경제성이나 안전성 면에서 10배 정도는 향상된 제품으로 평가를 받고 있다.

하지만 아직은 한계가 없지 않다. APR1400은 미국 웨스팅하우스 기술을 전수받아 개발한 모델이기 때문이다. 우선 세 가지 기술적 미완비가 있어서다. 하나는 원전설계 핵심코드의 미비다. 다른 하나는 원자로냉각재펌프(RCP)의 미완이다. 마지막 하나는 원전 계측제어시스템(MMIS)의 구축 불충분에서 오는 부족 등이다. 이런 미비를 한국 정부는 오는 2012년까지 자체 기술로 완비할 것이라고 발표했다.

원전 수출 전략 개요

올해 1월 13일 지식경제부가 발표한 '원자력발전 수출산업화 전략'에는 이번 UAE 원전 수주 확정으로 얻게 된 자신감이 잔뜩 묻어 있었다. 오는 2030년까지 세계시장의 20%를 차지해 원전 3세대 선진국으로 도약하겠다는 목표는 UAE 수출이 확정되기 이전에 내부적으로 기대했던 것보다

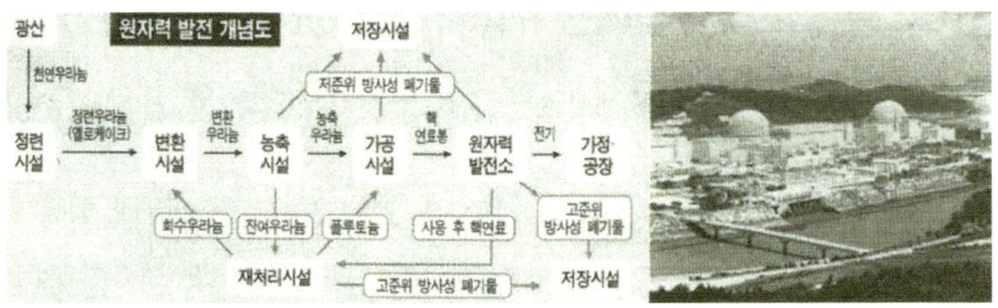

두 배 이상 올려 잡은 것이다.

지난해 말까지 수출 경험이 없었던 관계로 한국으로서는 10%만 확보해도 좋겠다는 입장이었다. 그러나 UAE 수출이 확정되면서 원전 수출에 대한 자신감이 넘쳤다. 한국 정부가 목표한 2012년 10기 수출을 달성하기 위해서는 UAE 원전 수출 4기를 제하고 올해부터 해마다 2기씩 수출해야 한다는 계산이다. 또 2013년부터는 매년 4기를 수출해야 2030년 80기 수출을 달성할 수 있다.

이명박 대통령은 이 발표에 즈음하여 "모든 상품이 수출되지만 원자력 산업이 수출산업이 된다는 것은 나라의 품격을 높이는 일이다"면서 "원전을 수출하는 나라의 것이라고 하면 다른 상품의 인식도 좋아질 것이다"라고 설명했다.

원전 수출 확대의 길

UAE처럼 턴키 발주가 가능한 국가는 정부 간 협력을 통해 해외원전 플랜트 수출을 추진하고 플랜트 수출에 제약요인이 있거나 기술 이전 등을 요구할 경우 기자재와 용역을 수출한다는 전략을 세웠다. 또 원전 도입 기반이 취약한 국가는 인력 양성 등 인프라 구축 지원을 통해 한국형 원전이 수출할 수 있는 길을 뚫는다. 동시에 88조 원 규모로 추정되는 노후 원전 운영과 장비시장 진출까지 계산해두고 있다.

우선적으로 해외원전 플랜트산업 수출을 활성화하기 위해 정부는 한국전력 내부에 원전수출 전담 상설조직을 신설하고 한국수력원자력과 한전기술 등 원자력 공기업의 수출 지원조직도 보강하기로 했다.

한마디로 올해부터는 정부 차원에서 해외원전 플랜트산업을 새로운 수종산업으로 가늠해 세계시장의 진출 원년으로 삼겠다는 의지를 읽게 하고 있다.

3 원전 3.5버전으로
기대되는 노형 APR+

■ ■ ■ ■ 최근 중동국가에서는 한국형 원자력발전이 기대하고 있는 3.5버전인 원전 노형 'APR+'에 대한 기대가 남다르다.

앞에서 소개한 '원자력발전 수출산업화 전략'에 의한 차세대 노형 APR+의 전력용량은 시간당 1,500MW로 경제성은 기존 APR1400에 비해 10% 업그레이드되고 안정성도 10배 향상될 제품이기 때문이다. 특히 APR+는 원자력발전에서 요구되는 안정성을 극대화한 것에 주목한 결과다. 원전 3.5세대 특징은 만에 하나 원자로에 사고가 발생해도 이를 차단할 수 있는 고유한 안전시스템이 구비될 수 있다는 점이다.

또한 APR+는 오는 2012년 표준설계가 완료되면 곧바로 수출시장에 진출이 가능하기 때문에 중동국가들은 APR+에 관한 기대가 더 크다.

선진국도 3.5세대 진출

해외원전 플랜트산업을 주도하는 국가와 노형은 대강 세 가지로 구분되고 있다. 우선 프랑스를 대표한 아레바의 3.5세대 노형 EPR1600을 비롯하여 일본 미쓰비시의 APWR1700과 미국 웨스팅하우스의 AP1000 등이다.

특히 3.5세대 원자로는 세계무대에서 경쟁하는 각국 대표 주자로 최근 건설되는 신규 원전에 적용되고 있다. 프랑스는 EPR1600을 핀란드에 수출해 짓고 있으며 자국 내 플라망드 지역에도 신규로 건설키로 했다. 또 미국 AP1000은 중국에서 현재 건설 중이다. 이와 함께 미쓰비시는 APWR1700을 미국 시장에 진출시키기 위해 현재 미국 인허가 심사를 받고 있다. 해외원전 플랜트산업은 이제 3.5세대가 주류를 이룰 것이 예단되는 대목이 바로 이 점이다.

문제는 시간과의 전쟁

원자력발전소에서 흔하게 보는 원통형 건물을 격납고 건물(RCB: Reactor Containment Building)이라고 부른다. 바로 그 속에 원자로가 들어간다. 우선 땅에서 원통을 만들고 그걸 블록처럼 쌓아 올려 격납건물을 세운다.

예전에는 원통을 2단씩 올렸지만 한국전력의 신고리 3호기부터는 3단계씩 쌓아 올려 신고리 원전 공사기간을 59개월에서 57개월 이내로 단축하는 것으로 수정할 수 있다고 한다.

이번에 UAE가 한국 원전을 선택한 이유에서 안전성 확보 다음으로 바로 짧은 공기(工期)였다. 때문에 중동국가에서는 차세대 원자력발전 3.5세대인 '한국형 APR+'에 대한 관심이 높고 여기에 대한 기대마저 크다는 점을 방증시켜 주고 있다.

UAE 원자력공사가 위촉한 두 사람의 조언

최근 UAE 원자력공사(ENEC)는 이번 원자력발전 수주에 즈음하여 국제적 석학 두 사람을 공사의 초대 원자력 국제자문의원으로 위촉(委囑)했다.

한 사람은 한스 브릭스 전임 국제원자력기구(IAEA) 사무총장이고 다른 한 사람은 한국 원자력업계 원로로 과학기술처 장관을 역임하고 현재 한국전력 고문인 정근모 박사다.

정 박사는 지난해 12월 UAE 원전 수출에 대해 "세계적인 원자력 붐을 이끄는 계기가 될 것이다"라고 평가하면서 "중동시장에서 요구하는 수준의 APR+가 성공하는 것이 필수다"라고 주문했다. 이런 멘트를 증명하듯 버락 오바마 미국 대통령도 원자력발전을 '깨끗한 에너지'로 규정한 '메릴랜드 선언'을 통해 31년간 신규 설립을 미루어왔던 원전건설에 불을 댕겼다. 그 중앙에는 한국 원전 3.5버전 APR+가 한자리를 차지할 것으로 예상되고 있다.

4 중소형 한국 원자로 SMART

　■ ■ ■ 정부는 3.5세대 원자력발전 노형 APR+에 이어 새로운 노형 개발과 완결에 박차를 가하고 있다. 국가별 맞춤 수출에 승자가 되기 위해 히든카드의 노형은 바로 스마트(SMART: Systemintegrated Modular Advanced Reactor) 원자로다. 한국 정부는 2011년까지 한국 독자 기술의 중소형 상용 원자로 스마트를 개발 완료해 수출시장에 뛰어들 계획이다.

국제원자력기구(IAEA)에 따르면 전 세계 중소형 원자로 수요는 오는 2050년까지 최대 1,000기 정도로 추정하고 있다. 금액으로 환산하면 약 350조 원에 이르고 있다.

스마트(SMART)는 한국원자력연구원이 지난 1995년부터 독자 개발하고 있는 최초 고유 모델로 중소형 원자로로 구분된다. 설계부터 시작해 전산코드와 원자로 등 핵심기술 전부를 한국원자력연구원이 독자개발을 담당했고 이에 필요한 특허 50건을 출원했다. 이 때문에 이미 칠레를 비롯하여 카자흐스탄과 리비아 등에서 관심을 보이고 있다.

세계 최고의 연구능력을 갖춘 연구용 원자로 '하나로'

지난해 말 한국원자력연구원은 장장 15년의 집념으로 연구용 원자로 '하나로'가 수행할 수 있는 기능 100%를 갖추었다.

예를 들면 중성자 등 기초과학 연구는 물론이고 자동차용 실리콘 반도체와 암 진단 등에 필수적인 방사선 동위원소 생산까지 모두 책임지는 수준의 연구용 원자로 모델이다. 특히 연구용 원자로가 갖추어야 할 냉중성자 생산시설(CNRF)과 핵연료 노내종합시험시설(FTL)을 완공함으로써 명실상부한 세계 최고 수준의 다목적 연구소로 우뚝 선 것이다.

냉중성자는 하나로에서 만들어진 에너지가 높은 열중성자를 섭씨 259도의 액체 수소를 이용해 극저온화한 것이다. 열중성자보다 에너지는 낮고 파장이 길어 나노라든가 바이오 등 연구 수준을 한 단계 끌어올릴 수 있는 도구로 유용하게 활용될 수 있다. 핵연료 FTL도 하나로를 세계 최고의 연구용 원자로로 자리매김시킨 일등 공신이다. 이 장치는 연구용 원자로 내부에 원자력 발전소와 동일한 온도(350도)와 압력(175기압) 등 완전히 동일한 환경을 구현함으로써 핵연료의 종합적 성능을 미리 확인하는 실증(實證) 실험 설비 기능도 겸했다.

앞에서 소개한 중소형 원자력발전 스마트와 연구용 원자로 하나로는 향후

해외원전 플랜트산업에서 다크호스로 등장할 대항마다.

특히 스마트는 가압경수형 원자로이지만 모든 원자로 주요 기기를 한 개의 압력용기 안에 정착함으로써 대형 냉각재 상실 사고 가능성을 원천 차단한 일체형 원자로로 안정성이 기존 대형 원자로에 비해 100배 이상 높다. 여기다가 한국 원전 기술로 완성시킨 중소형 원자로 스마트는 규모를 신축적으로 늘리거나 축소할 수 있는 장점도 있다.

특히 개발도상국과 물 부족 국가가 관심을 가지고 있는 해수 담수 능력

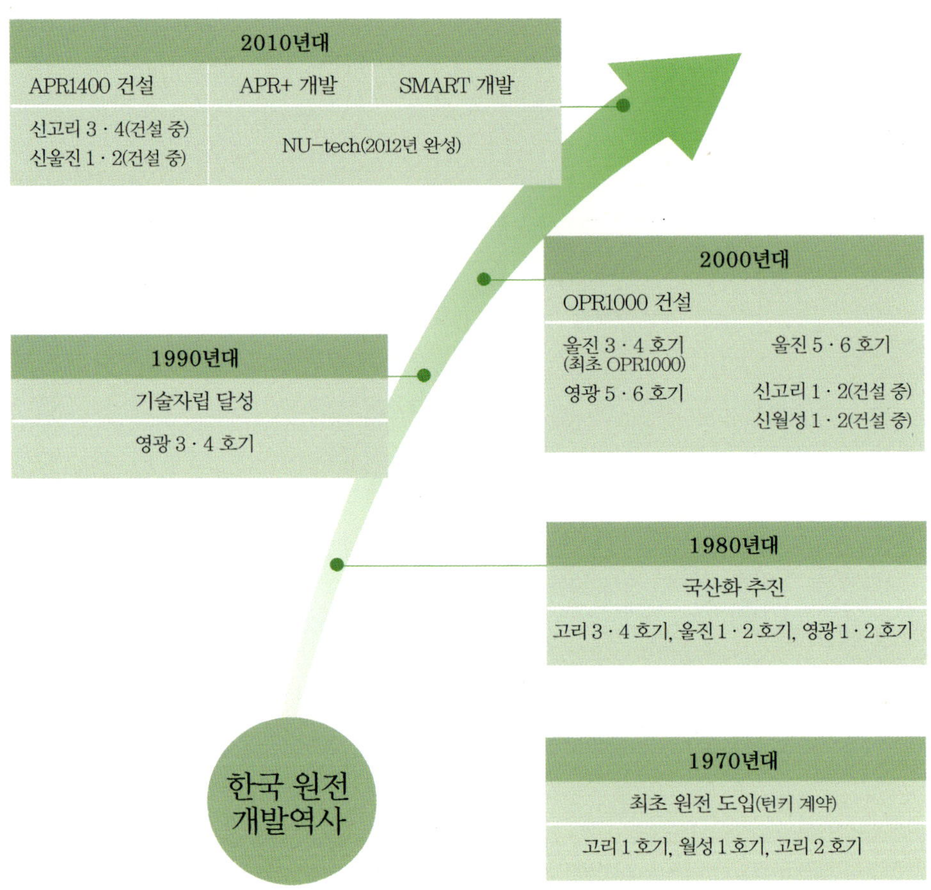

이 현재는 4만 톤 규모이지만 사용자 요구에 따라 규모는 변할 수 있다.

이러한 기술과 규모의 확장은 중동국가에는 절대적인 운영 가치와 함께 원자력발전의 평화적 이용에 청신호로 다가서게 됨을 의미한다.

최근 IAEA는 '해수 담수용 원자로에 대한 예비 타당성조사'에서 향후 중소형 원전 규모를 약 3,500억 달러로 추정하고 있다. 미국 에너지국

(GNEP)에서도 2050년까지 최대 1,000여 기의 수요가 있을 것으로 전망했다. 실제로 1999년 5월 IAEA가 주최한 원자력 해수 담수화 국제협력 프로젝트 회의에서 한국의 스마트가 해수 담수화 기술의 국제협력 모델로 선정되기도 했다. 따라서 스마트는 세계 최상의 기술적 우위를 점한 러시아의 KLT-40S와 쌍벽을 이루고 있어 중동국가에서도 초미의 관심 노형이다.

PART 4에서의 결론은 중동국가가 요구하는 원자력발전 노형(爐形)에 대한 한국 기술을 살펴보고 동시에 아부다비 실라에 세워질 APR1400을 비롯하여 차세대 원전인 APR+와 중소형 원자로 스마트(SMART) 등을 소개하는 일에서 시작되었고 이렇게 끝을 맺고 있다.

PART 5 │ 원자력발전에 올인하는 중동국가 지도자들

1 압둘라 빈 압둘
아지즈 알사우드
사우디아라비아 국왕

■ ■ ■ 〈아랍문화사〉를 한 번쯤 읽어본 사람이라면 호칭에 대한 이해 부족에 적잖게 당황하게 된다. 우리 문화적 상식으로 이해할 수 없는 폭의 다양함 때문이다.

중동국가 국가지도자에게 붙여진 칭호의 다양성과 긴 이름은 이미 잘 알려진 지적이 되었다. 예를 들면 '국왕' 이라든가 '셰이크' 라든가 '칼리파' 라든가 등이 그렇다. 이러한 다양성과 아랍문화의 이해 부족에서 오는 혼란도 〈아랍문화사〉가 해결해주리라는 기대는 무리수가 된다. 이게 유구한 아랍역사와 찬란한 아랍문화에서 형성된 자연스러운 현상이라고 이해되기까지는 긴 시간의 투자와 아랍문화 사랑에서만 해결이 가능할 수 있다는 점이 중동국가 전문가들의 공통된 견해다.

다만 〈아랍문화사〉에 의한 도움말을 들어보면 그 가능성의 회우는 시간

의 투자와 몰이해의 어려움에 조금은 도움이 되고 있다. 〈아랍문화사〉의
다음을 읽어서 말이다.

"……서기 711년 이슬람 군 지휘자 타리크는 10여 킬로미터밖에 안 되
는 해협을 건너 서고트 왕국을 점령해 버린다. 이 시대를 전후해서 〈아랍
문화사〉는 그 찬란한 아랍문화의 진흥시대인 우마이야 왕조 다음에 압바
스 왕조의 등장을 소개하기 시작한다. 우마이야 왕조와 압바스 왕조의 관
계는 그리스 제국과 로마, 진나라와 한나라, 그리고 수나라와 당나라의 관
계가 비슷하다. 그러니까 우마이야 왕조가 끊임없이 정복활동을 했던 반
면 압바스 왕조는 줄기찬 정복활동 대신 안정 추구를 통한 아랍문화를 발
달시켰다. 때문에 역사가들은 압바스 왕조를 진정한 이슬람 제국이라고

평한다.

우마이야 왕조의 수도는 시리아의 다마스쿠스였고 압바스 왕조의 수도는 지금의 이라크의 바그다드였다. 이때 국왕의 칭호로서 '칼리파' 가 등장하는데 '예언자의 대리인' 으로부터 '하느님의 대리인', 또는 '지상에 있는 하느님의 그림자' 로 바뀐다.

압바스 왕조의 제3대 칼리파인 하룬 알 라쉬드는 〈아라비안나이트〉의 실존인물이다. 물론 픽션이 가미된 소설이지만 압바스 왕조의 최상위의 황제로서 칼리파는 동격임을 알 수 있다(이하 생략)."

세계 경제의 큰손 사막 왕과 왕자

다시 원점으로 돌아가서 세계 경제의 큰 손으로 지칭하고 있는 중동국가 지도자의 호칭은 일정하지 않다.

국왕이라든지 칼리파라든지 셰이크로 불린다. 굳이 구분하지 않아도 가문과 이름 앞에 이들 명칭이 오면 그게 중동국가의 지도자로 이해되곤 한다.

다만 중동산유국의 지배 왕족을 상징하는 '알'(가문)이 마지막 이름 앞에 붙었다 하면 정부의 공무원이나 관광회사 직원들은 긴장한다.

사우디아라비아의 알사우드와 UAE의 알나흐안과 알막툼, 쿠웨이트의 알사바흐와 카타르의 알사니 등의 가문 이름은 '우는 어린이도 울음을 그치는 이름' 이자 '자다가도 떡이 생기는 이름' 으로 회자되고 있다.

압둘라 빈 압둘 아지즈 알사우드 국왕

이유 있는 중동국가의 원자력발전소 건설 러시에서 사우디아라비아의 진출은 초미의 관심사가 되고 있다. 경제신도시 지잔에 건설 중인 이 도시에 친환경적 에코시티 구성은 잘 알려지고 있지만 원자력발전에는 무늬일 뿐이다.

사우디아라비아의 남쪽 국경지대나 다름없는 실라에서 UAE가 원전의 기틀을 다듬기 시작하면 어떤 반응이 나올 것으로 추측할 정도다.

그러나 압둘라 사우디아라비아 국왕의 통치 스타일이나 국민 소득 분배 차원에서 태부족인 전력사정의 수요와 공급의 일치를 위해 원자력발전의 도입은 기정사실화되고 있다.

특히 아랍의 주간지 〈루즈 알유수프〉는 2007년 11월 세계 최고 부자 지도자, 그리고 아랍권 최고 부자로 압둘라 국왕과 직계 가족을 올려놓았다.

수십 명의 자녀를 가지고 있는 재산까지 합하면 400억~500억 달러가 넘을 것이라고 이 주간지는 언급했다.

압둘라 국왕은 1923년 수도 리야드에서 압둘 아지즈 초대 국왕과 여덟 번째 부인 파하다 빈트 아시 알슈라임의 아들로 태어났다. 그의 나이 81세에 즉위했고 지금은 6년째 재위 중이다. 그는 리야드에서 전통 이슬람식 교육을 받았으며 왕실의 전통과 풍습에 따라 양육되었다.

압둘라는 이슬람 성지인 메카의 시장으로서 공직에 첫발을 디뎠다. 그의 나이 40세인 1963년에는 국방차관이자 사우디아라비아 최고 병력인 국가방위군의 총사령관으로 부임했다.

그 후 1982년 왕세자로 책봉되었고 국왕의 자리에 오르기까지 계속 방위군 총사령관직과 부총리직을 맡았다.

사우디아라비아 국왕으로서의 치적

그는 왕위에 오르면서 관례에 따라 이 자리를 자신의 둘째아들 무타입 왕자에게 넘겼다. 국왕이 통수권을 갖도록 배려한 전통이다.

1995년 이복형 파하드 국왕이 뇌졸중으로 쓰러진 이후 사우디아라비아의 실질적인 통치권자로 국정을 수행했을 뿐 아니라 지난 2005년 8월 형의 사망 직후 즉위했다. 꼭 5년 전의 일이다. 압둘라 국왕은 왕자 시절부터 정치적인 직위를 유지해왔다. 공식적으로 비즈니스에 뛰어들지 않고 있다. 다만 그는 최고경제위원회 의장을 비롯하여 국가의 주요 경제정책을 결정하는 왕족위원회를 맡고 있다. 그에 결심 여하에 따라 사우디아라비아의 원자력발전소 건설 가능성이 판가름날 수 있음을 알 수 있다.

그의 일거수일투족이 초미의 관심사로 떠오른 이유이기도 하다.

2 칼리파 빈 자에드 알나흐얀
UAE 대통령

■ ■ ■ ■ 우리는 지금도 기억하고 있다. 지난해 12월 27일(현지시각) 도시국가 아부다비가 자랑하는 7성급 호텔인 에미리트 팰리스호텔에서 이명박 대통령과 칼리파 빈 자에드 알나흐얀 대통령은 김쌍수 한국전력 사장과 칼둔 알 무바라크 UAE 원자력공사(ENEC) 회장이 원자력발전 계약서에 서명한 것을 지켜보는 그 기념비적 자리를 말이다. 이로써 한국은 1978년 미국 기술로 고리 원전 1호를 처음 가동한 지 30여 년 만에 원자력발전 수출국이 된 것이다.

코리아 컨소시엄이 제시한 한국형원전 APR1400을 처음 수출하게 됨으로써 원전 수입국에서 원전 수출국으로 도약하게 되었고 동시에 건국 이래 최대 규모의 발전 플랜트 수주에 따라 '원전 르네상스 시대' 를 열게 되었다.

세계 최대의 국부펀드 주인인 칼리파 UAE 대통령

2008년 11월 말.

서브프라임 모기지(비우량 담보대출) 사태 이후 극심한 자산 손실로 고전하는 미국 씨티그룹에 구원의 손길이 움직이고 있다는 외신 보도가 나왔다.

내용은 75억 달러에 달하는 거금이 중동 오일머니에서 나올 것이라는 점을 밝히면서 말이다. 이 외신 보도가 나간 다음 그해 12월 5일 중동 오일머니의 투자 주체는 세계 6위의 원유 수출국 UAE의 국영투자회사인 아부다비투자청(ADIA)으로 밝혀졌다. 모건스탠리에 따르면 국영펀드 운용사인 아부다비투자청의 총자산은 8,750억 달러에 달하고 있다. 세계 최대 국부펀드(SWF)다.

세계 최대의 이 펀드를 운영하는 사람은 칼리파 빈 자에드 알 나흐얀 UAE 대통령이다. 그가 ADIA의 의장을 맡고 있고 동생인 셰이크 아흐마드는 책임경영자다. ADIA는 1976년에 설립된 도시국가 아부다비 정부 소유 투자기관이다. 현재 칼리파 UAE 대통령의 선친인 셰이크 자에드가 세운 국부펀드이기도 하다.

AL MAMOURA

모건스탠리 조사에 따르면 ADIA는 2007년 현재 튀니지의 튀니지·에 미리트은행을 비롯하여 바레인의 아랍 뱅킹 코퍼레이션과 스웨덴의 스투 어갈러리언 등에 대주주로 참여하고 있다. 알나흐얀 가문은 1971년 영국 으로 독립하기 이전부터 BP 등 서방 석유메이저에 석유 개발 및 채굴권을 넘기면서 국부를 쌓게 되었다.

지난 2004년 11월 셰이크 자에드가 이승을 등지자 즉위한 칼리파 대통 령은 1966년 18세의 나이에 동부지역 법원을 관리하는 직위에 올랐다.

왕세자가 되면서부터는 아부다비 국방부를 담당했고 1971년 독립과 함 께 아부다비 총리로 임명되어 국방과 재정을 도맡았다. 조용한 행정가인 칼리파 대통령은 UAE 토후국 6개국에도 석유 수입대금 일부를 분배하는 역할까지 수행했다. 1976년부터 연방 최고 석유위원회 의장이 되면서부 터다. 도시국가 아부다비는 UAE 석유생산의 94%를 차지하고 있다. 하루 250만 배럴의 석유 생산과 수출, 그리고 대금 관리를 30년 이상 담당하고 있지만 선친의 유업인 자연보호와 자선사업에는 많은 관심을 갖고 물질적 으로도 크게 돕고 있다.

도시국가 아부다비의 약진

최근 아부다비를 다녀온 사람이면 느끼게 되는 도시의 분위기는 한마디 로 엑설런트 그 자체다. 도시 전체가 리모델링하는 분위기 연출은 물론 최신형 시내버스까지 등장시켜 가난한 외국 노동자의 편익에 적극적으로 나서고 있다. 예를 들면 아부다비 도심에서 54번 버스를 타면 셰이크 자에드 모스크까지 갈 수 있고, 5번 버스를 타면 아라비아 해가 넘실대는 아부다비 쇼핑천국 마린다몰까지 실어다 준다. 요금은 단돈 1디르함(350원 정도)으로 말이다. 여기에 그치지 않고 지금의 국부펀드를 이용해 유한한 석유고갈을 염두에 두고 도시 인프라 구축정책을 위해 천문학적인 투자를 계속 이어오고 있다. 이번 UAE 원전발주도 이러한 준비와 제공에서 이미 오래전부터 구상해온 국책사업임은 물론이다.

전략적 동반자 관계

한국과 아부다비는 이번 원자력발전소 건설을 통해 전략적 동반자 관계로 이어지게 되었다. 우선적으로 원전 수주에서 밝혀진 대로 공사기간은 6년, 운영기간은 60년이나 된다. 일과성인 각종 해외 프로젝트 수주와는 차원이 다르다. 특히 글로벌 금융위기 이후 세계 각국은 경제를 살리기 위해 필요 이상의 재정지출로 자국 화폐를 남발했다. 그래서 보호자유무역으로 자연스럽게 국가재정이 바뀌었다. 따라서 1조 단위의 해외 플랜트는 중동 국가에서나 나올 수밖에 없다는 점이 사실로 인구에 회자되고 있다. 중국과 일본, 그리고 미국의 경우도 예외가 아니다. 그래서 이번 원전 수주액 400억 달러(47조 원)는 국운이자 천운으로 받아들여지는 그 이유이기도 하다.

그 연장선상에서 UAE의 왕세자 크라운 프린스 무하메드의 코리아 사랑은 그렇게 영글어가고 있는지 모른다.

3 셰이크 사바흐
알자비르 알사바흐
쿠웨이트 국왕

■ ■ ■ 그린 뉴딜에 적극적으로 동참하고 있는 쿠웨이트는 국가 미래전략마저 여기에 맞추고 있다. 새롭게 구축하고 있는 실크 시티(The City of Silk)와 카바리 미래 도시(Khabary Future City)가 그 대표적인 케이스다.

중동 오일머니로 풍부해진 자금력에 의해 그린 뉴딜에 올인하는

모습에서도 중동국가에 퍼지고 있는 새로운 변화이자 새로운 이노베이션의 '열공'이 돋보인다.

그 변화와 혁신의 말미에도 중동국가에 불고 있는 원자력발전 모드와 무관하지 않다. 물론 그 배경에는 셰이크 사바흐 알자비르 알사바흐 쿠웨이트 국왕이 있고 그의 통치철학에서 그린 뉴딜은 작동하기 시작했다.

쿠웨이트 이노베이션

경상북도보다 조금 작은 1만 7,000㎢ 면적에 세계 원유 매장량의 1/10이 묻혀 있다는 석유 부국 쿠웨이트. 걸프협력위원회(GCC) 6개국에서 300만 인구에 1인당 국민소득은 23,500달러(2005년 통계)로 UAE의 25,426달러에 이어 두 번째로 높다.

이 나라의 셰이크 사바흐 알자비르 알사바흐 국왕은 2006년 11월 오일머니를 국민에게 나눠주는 3개의 법령에 서명해서 의회에 넘겼다. 국고 93억 달러를 투자할 3개 대형 프로젝트를 수행한 뒤 그 수익 전체를 국민에게 나눠주겠다는 것이다. 이를테면 쿠웨이트 부비얀 섬 개발에 41억 달러, 보건산업 프로젝트에 35억 달러. 개발펀드 설립에 17억 달러를 각각 투자하는 것을 골자로 하고 있다. 이는 다목적 투자이자 다목적 대국민 선심이다. 그린 뉴딜의 지향점을 닮아 우선 일자리 창출이 가능하고 동시에 대국민 보너스에 해당되기 때문이다.

쿠웨이트 왕실이 이러한 대국민 보너스를 제안하고 실행한 배경에는 '현찰 보너스를 계속 주면 국민의 사치 심리와 소비 수준만 높아지기 때문에 국책사업을 추진하고 실행해서 자원 고갈이나 유가 하락에 대비한다'

는 복안에서다. 쿠웨이트 이노베이션의 핵심사항이 그렇다는 얘기다. 실제로 쿠웨이트는 지난 2년 동안 현찰 보너스 또는 월급 인상을 통해 이미 국민에게 55억 달러를 나눠주었다.

'요람에서 무덤까지'의 국민복지 정책을 실현하고 있는 쿠웨이트 왕실은 모든 국민들로부터 한 푼의 세금도 받지 않고 있다.

오히려 전기료와 전화세에다 학비마저 전액 무료로 제공하고 있다.

쿠웨이트 국부펀드의 동진

고유가에 힘입은 쿠웨이트는 미래 전략을 완수하기 위해 아시아에 투자를 서두르고 있다. 이러한 동진(東進)은 2008년 5월에 이미 시장 조사를 마친 결과에 따른 투자라는 점에서 그 의미를 읽게 한다.

2008년 5월.

파이낸셜타임스(FT)에 따르면 아시아 순방에 나선 무스타파 알샤말리 재무장관과 바데르 알사드 쿠웨이트투자청(KIA) 사장은 국부펀드(SWF)를 통해 일본에 대한 투자를 지금의 두 배인 200억 달러가량 확대할 방침이라고 밝혔다고 전했다.

이 신문매체는 쿠웨이트와 일본이 이자와 배당, 자본소득과 투자수익 등에 대한 이중과세방지 협정도 체결했다며 중동국가와 이 같은 협정을 맺은 것은 일본이 처음이라고 설명했다. 물론 여기에는 달러화 약세에 따른 투자처 물색 끝에 투자처를 일본으로 확대한 것으로 풀이된다.

실제로 쿠웨이트는 2007년 5월 달러 페그 제도(고정환율제도)를 포기하는 등 달러 약세에 대한 대비책을 마련해 왔었다. 이러한 쿠웨이트 미래 전략은 셰이크 사바흐 알자비르 알사바흐 쿠웨이트 국왕의 영도력에서 빛을 보였고 동시에 원자력발전 건설에도 지대한 관심을 보이고 있다.

쿠웨이트투자청의 동진과 원전 건설과의 함수 엿보기는 곧 풍부해진 중동 오일머니 파워에서 비롯됨으로 이해할 수 있다.

4 호스니 무바라크
이집트 대통령

■ ■ ■ 원자력발전소 하면 이집트를 배제할 수 없다. PART 1에서 소개한 대로 호스니 무바라크 대통령이 이끌고 있는 이집트는 지난 2006년부터 '이집트 원자력 추친 계획'을 발표한 바 있기 때문이다.

이 계획에 참가하거나 관심을 표명한 나라만도 한국을 포함하여 모두 5개국에 달한다. 그만큼 이집트 정부의 원전계획은 야무지고 야심 찬 발전 프로젝트이기 때문이다.

여기다가 중동산유국과 달리 오일머니에 대한 기대치가 적다 하더라도 세계은행이 지난해 이집트 원자력 파이낸싱 참여 가능성을 밝혔기 때문에 더욱 그렇다.

세계은행의 시각

지도상으로 보면 이집트는 엄밀하게 아프리카에 속한다. 하지만 이집트는 예부터 중동지역 맹주로 불러주기를 더 바란다. 이집트의 국토는 북아프리카와 중동지역에 겹쳐 있지만 국가 명칭은 '이집트 아랍 공화국(Arab Republic of Egypt)'이라고 부를 정도로 이집트는 중동국가임을 자처하고 있다.

또한 이집트는 1964년 헌법에서 이슬람교를 국교로 규정했고 인구 8,000만 명 가운데 89%가 이슬람 수니파다. 국어도 이슬람어다.

중동지역 21개국이 회원인 아랍연맹의 상설본부와 사무국도 이집트 수도 카이로에 있다. 국토의 면적은 한반도의 다섯 배에 이르는 998㎢에 달해서 규모의 경제를 이루고 있는 셈이다. 국민의 생활 향상과 함께 전력수요가 급증하면서 원자력발전에 거는 기대가 남다름을 세계은행이 주목한 것이다. 더 깊은 이유는 미국이 중동지역의 평화와 안정을 기하기 위해서는 이집트의 역할이 필요한 점도 고려 대상이 되었을 것이다.

미국은 매년 이집트에 20억 달러를 지원하는 등 상당한 영향력을 행사해오고 있다. 오바마 행정부의 중동국가에 관한 정책에서 가장 중요한 목표는 이스라엘과 팔레스타인의 갈등과 대결구조를 해소하고 평화를 정착시키는 것과 이란의 핵 보유 야심을 저지하는 것이 핵심적 체크리스트다.

여기다가 이집트는 8세기 이후 이슬람 문명의 중심지로서 중·근세 세계사의 핵심 역할을 담당해온 역사와 전통을 가지고 있다.

버락 오바마 대통령이 2009년 6월 이집트 카이로대학에서 이슬람 국가들에 대해 화해를 제안하는 역사적 연설을 한 것도 이런 맥락이라고 볼 수 있다.

호스니 무바라크 대통령

호스니 무바라크 대통령은 1928년 5월 4일 선대 대통령 사다트의 고향 인근인 나일 강 삼각주에서 태어났다. 올해로 82세다.

그는 공군사관학교 졸업 후 전투기 조종사로 복무한 그는 비행시간은 총 6,000시간에 달한다.

공군사관학교 교장을 거쳐 1969년 공군 참모총장이 된 그는 이스라엘과의 제3차 중동전쟁에서 참패한 이집트 공군의 재건을 성공시켰다.

이후 이집트 공군은 1973년 10월 제4차 중동전쟁 당시 이스라엘과의 공중전에서 우세를 보였고 무바라크는 전쟁 영웅으로 부각되기 시작했다. 이런 부각 때문에 사다트 대통령은 1975년 4월 무바라크를 부통령으로 임

명하게 된다. 그리고 4년
후 1979년 집권 국민민주
당(NDP)의 부의장으로 선출
된 무바라크는 사다트의 후
계자 자리를 차지한다. 다
시 역사는 흘러 1981년 10

월 6일 카이로에서 제4차 중동전쟁 개전 8주년 기념 군사 퍼레이드를 지
켜보던 사다트 대통령은 이슬람 근본주의를 신봉하던 한 군인 장교에 의
해 암살되는 비운을 맞아 이승을 등진다. 사다트가 사망하자 NDP는 무바
라크를 대권 후보로 지명했고 무바라크는 같은 해 10월 실시된 국민투표
에서 98%라는 압도적인 지지로 대통령에 당선된다.

2005년 9월 대선에서 다섯 번째 연임에 성공한 무바라크는 야당인 무
슬림 형제단을 자신의 장기 집권을 가로막는 가장 위협적인 세력으로 간
주하고 강력하게 배제시켜 왔다. 29년의 장기집권에 성공한 무바라크는
미국의 협조를 얻어 두 가지 일에 국력을 모으고 있다.

하나는 차남 가말의 후계자 굳히기이다. 다른 하나는 이집트 경제의 재
건이다.

경제난과 대외적 위상 회복에 나선 이집트 정부

최근 이집트 국민들은 갈수록 심화되고 있는 경제난 때문에 무바라크

장기 집권에 회의를 느끼기 시작했다. 글로벌 금융위기가 이집트를 비켜 갈 수 없다지만 이집트 경제는 별로 나아지지 않고 있어서다.

여기다가 수에즈운하 선박통행료와 관광 수입, 그리고 국외 근로자 송금 등 3대 외화벌이가 예전처럼 신통하지 못하고 있다. 하지만 호스니 무바라크 대통령은 그의 후계자 문제 해결과 함께 원자력발전소 건설과 천연가스 개발 등을 통해 경제난을 극복하는 것으로 예전의 명예와 영광 재건에 힘쓰고 있다.

5 라니아 알 압둘라
요르단 왕비

■ ■ ■ ■ 요르단의 원자력발전 러브송은 다양한 방향에서 국내외 매스컴을 타고 있다. 그도 그럴 것이 모든 전력의 95%를 외국으로부터 수입해서 충당하는 것에서 자유스러움이 국가적 과제이기 때문이다. 이를 해소하기 위해서는 원자력발전이 한 대안으로 대두되자마자 압둘라 2세 요르단 국왕은 '원자력 전략 고위급 위원회(Higher Committee for Nuclear Strategy)'를 출범시켜 모든 원자력발전 업무를 위탁하고 있다.

요르단 원자력발전 로드맵

최근 국제원자력기구(IAEA)가 발표한 자료에 따르면 요르단은 원전에

대한 이행에 관한 2개 법안 상정 및 특별 위원회 설치를 자세하게 보도했다고 전했다.

하나는 요르단 원자력발전에 대한 업무를 담당할 특별기구 출범이다. 이 기구의 의장은 토칸(Dr. Toukan)으로 내정했다. 그는 MIT 출신 원자력 공학 박사이자 전임 요르단 교육부 장관을 역임했다.

다른 하나는 요르단 원자력 발전업무는 광물 및 에너지부 소관에서 특별 독립기구로 이관한 수순을 밟고 있음을 알게 했다.

러브송을 부르는 라니아 알 압둘라 요르단 왕비

지난해 9월.

로마 교황 베네딕토 16세는 국빈 자격으로 요르단을 방문하였다. 요르단 국왕과 함께 의전행사에 나온 라니아 알 압둘라 왕비는 전 세계 매스컴이 칭찬한 여주인공답게 퍼스트레이디 역할을 훌륭하게 소화하고 있었다.

라니아 왕비는 2006년 5월에도 미국에 건너가 오프라 윈프리 쇼에 출현하여 세상에 잘못 알려진 이슬람과 이슬람 사회에서의 여성 역할에 대한 오해와 무지를 해소하는 데 적극적이었다.

여기에 그치지 않고 유튜브(You Tube)에 자신의 파일인 '당신의 아랍에 대한 편견을 말해 주세요'에서도 편견 속의 이슬람 여성관을 바로잡아 갔다.

세계 평화 간사회의 명예 회장

라니아 압둘라 요르단 왕비는 쿠웨이트에서 태어나서 이집트 아메리칸 대학을 나온 재원이다.

영국 여성잡지 〈헬로〉에서 '세계에서 가장 우아한 여성'으로 선정될 만큼 미모와 재치, 그리고 내조는 지금도 580만 요르단 국민에게 국모의 존경과 대접을 함께 받고 있다. 최근에는 세계 평화 간사회의 명예회장직까지 겸해 원자력의 평화적 이용에도 앞장서고 있다.

이러한 점은 요르단이 원자력발전에 러브송을 부르고 또 불리는 저간의 사정에 대한 바른 길라잡이가 되고 있다.

PART 5 '원자력발전에 올인하는 중동국가 지도자들'에서는 사우디아

라비아 국왕을 비롯하여 라니아 요르단 왕비까지 모두 다섯 지도자를 살펴보았다.

이러한 기술은 중동국가의 특수성에 기인한다. 중동국가의 결정권은 국왕이나 대통령에 의해 결정되고 있다는 점에서 비롯된다.

민주주의 체제를 선택하고 있는 국가에서는 입법부와 행정부의 합의에 의해 결정될 일이 중동국가에서는 지도자 한 사람의 선택에 의해 결정됨이 비일비재하기 때문이다.

이러한 점을 기술하면서 나는 많은 한계를 느끼게 됐다. 단행본이 가져야 하는 기본 원칙과 윤리성에서 벗어나지 않기 위해서다.

우리가 흔하게 접하는 지하철 매체라면 화제성과 선정성을 부추겨 부수를 늘릴 수 있지만 중동국가들의 지도자는 향후 우리의 거래처가 될 수 있다. 그래서 왕실의 부도덕과 암투, 후계자 문제와 부의 분배 의혹 등 중동국가 지도자가 짊어지고 있는 비애와 비극은 일단 접어두고 좋은 방향으로 기술할 수밖에 없었다. 모든 독자의 아량과 이해를 구하는 대목일 수 있다.

PART **6** | 중동국가에 필요한 해외원전 플랜트산업의
행복방정식(1) – 알파 주기

1 가치사슬이 가능한 녹색기술 주기

■ ■ ■ 원자력발전은 특성상 긴 시간과 긴 기술운영을 요구한다. 1년에 결과를 얻어내는 벼농사와 근본적으로 다르다.

보통 원전 1기 건설에 필요한 기간은 약 6여 년이고 수명은 대강 60년을 기준으로 삼고 있다. 또한 고장사고에 대비해 1기가 아닌 2기 단위로 건설하는 관계로 천문학적인 자금투자와 긴 시간에 의한 기술 전수, 그리고 핵(核)이라고 하는 무서운 전쟁의 이미지에서 벗어나기와 국제 간 기술적 교류의 불모지 등에서 벼농사와 다른 산업구조로 되어 있다.

이번 UAE 원전수주에서도 알려진 사실이지만 도시국가 아부다비 실라에 세워질 원자력발전소의 건설기간은 6년, 그리고 운영기간은 60년이다.

그래서 이번 원전수주는 한국과 UAE의 동반자 관계로서 등극되는 계기를 안겨주었다. 한국은 이를 통해 안정적인 화석연료의 수급을 기할 수 있고 반면 아부다비는 원유 수출로 벌어들인 돈으로 부족한 전력소요를 해소하는 기술적 제공과 원전운영을 맡기게 되는 서로의 공존에 따른 부가가치까지 바라보게 됨을 의미한다. 결국 서로의 공존에 의한 가치사슬이라든가 부가가치라는 지구촌 연결의 경제에 의해 벨루체인으로의 발전을 바라보게 된다.

이러한 발전 로드맵을 적용시켜 보면 우선 한국은 중동국가에 해외원전 플랜트산업에서 그린오션일 것이고 동시에 '윈윈전략'의 다른 표현인 '행복방정식 추구(또는 지향)'로서 알파 주기를 만들어야 한다.

그렇다면 녹색기술이 가치사슬로 발전하기 위해서는 어떤 것이 고려대상이 되고 어떤 것이 알파 주기가 될 수 있는가를 고민하게 된다. 아니, 고민해야 한다.

자원빈국 한국에서 이번 중동국가 UAE 해외원전 시장 진출은 원전기술 수출에 필요한 면허증을 거머쥐는 것이나 다름없는 기회이자 국가적 천운(天運)으로 가늠할 기대주라는 수식어가 그래서 생겨났다. 그 좋던 한국 조선업이 이번 글로벌 금융위기를 겪으면서 저가 입찰로 파죽지세로 몰려온 중국 조선업계의 선전에 의해 고전하는 산업적 현실에서 원전이 이를 대신할 수 있다는 게 안도함에서도 잘 드러나 있다. 그 연장선상에서 녹색기술의 부가가치에는 과연 어떤 것이 있을까. 어떤 아이템이 중동국가에 이익이 되고 우리에게는 미래 먹을거리의 그린 비즈니스가 될 수 있을까.

한국 녹색기술 전수를 통한 부가가치 엮기

올해 2월 교육과학기술부 · 지식경제부 · 환경부 · 국토해양부 등 4개 부처가 공동으로 제정한 '제1회 국가녹색기술대상'을 발표했다. 한국의 신(新)성장동력에 필요한 24개 녹색기술이 향후 저탄소 녹색성장을 선도할 최고 녹색기술로서 한국 그린 테크놀로지(GT)의 현주소를 알게 했다.

여기서 지금 중동지역이 요구하고 동시에 필요한 그린 테크로서 초미의 관심사에 해당하는 3개의 기술을 소개하여 첫 번째 알파 주기로 가늠할 수 있다.

세계 최초의 제로카본시티인 아부다비 마스다르와 쿠웨이트 실크 시티가 요구하는 수준의 그린 테크에 해당한다. 또한 이 녹색기술을 통해 부가가치 창출이 가능한 아이템이란 점에서도 이런 소개야말로 행복방정식의 알파 주기에서 압권이 아닌가 싶다.

하나 – LG화학의 고출력 고에너지 리튬폴리머기술

이산화탄소 배출의 주범인 지금의 자동차산업은 그린 테크에 의해 새로운 국면을 맞게 된다. 자동차용 2차전지 기술에 따라 올해부터는 전기자동차 시장이 제 궤도에 오르게 된다.

LG화학은 고출력 고에너지 리튬폴리머기술로 이 시장의 패자(覇者)가 될 수 있었다. 지금까지 2차전지는 일본의 전유물이었다. 한국 업체들은 기술이 부족해 선뜻 손을 대지 못했던 것이다.

하지만 LG화학은 달랐다. 2차전지 시장의 미래성과 중요성을 일찌감치 감지하고 과감하게 뛰어들었다.

2002년 2,200mAh(밀리암페어)급 노트북용 원통형 리튬이온전지를 세계 최초로 양산했으며 2005년에는 2,600mAh급도 일본 업체보다 한발 앞서 세계 최초로 양산했다. 이러한 LG화학의 뛰어난 기술력을 바탕으로 폭발적인 수요가 예상되는 2차 건전지 시장에서 오는 2015년까지 세계 점유율을 20%에 매출 2조 원 달성을 기대하고 있다.

지난해 8월에는 세계적 권위의 시장조사 기관인 프로스트앤드설리번(Frost & Sullivan)에서 수여하는 '올해의 2차전지 기업상'을 수상했고 올해는 제1회 국가녹색기술대상에서 영예의 대통령상까지 받게 되었다. 이러한 그린 테크는 한국에 국한하지 않고 중동국가에서도 필요로 하고 동시에 기술적 승리에 속하기 때문에 알파 주기로서 제격이 된다.

둘 – 한전 전력연구원의 원전수명 2배 연장기술

최근 한전 전력연구원은 원자력발전 수명을 최장 60년까지 확대하는 데 성공하여 이번 기술대상에서 지식경제부장관상을 받았다.

설계수명(30~40년)이 종료된 원전을 폐쇄하지 않고 체계적인 경년열화 관리 활동으로 수명을 20년 이상 연장을 가능케 하는 그야말로 원전 르네상스를 여는 기술적 개가로 평가받고 있다.

이 기술을 통해 2007년에는 설계 수명이 종료된 고리 1호기 원전수명을 10년간 더 연장시켰다.

2012년 설계 수명이 종료되는 월성 1호기 원전도 10년간 수명 연장을 추진 중이다. 이처럼 원전 1기 수명을 연장해도 10년 동안 1만 개의 녹색 일자리 고용이 유지되는 효과로 나타난다. 결국 10년간 1조 9,000억 원의 수입대체 효과가 발생하고 탄소절감 비용은 2,400억 원에 달한다.

국민 전체 가구 전기요금 절감액은 8,453억 원에 달할 것으로 발표되기도 했다. 전력연구원의 원전 수명 연장 기술을 한국 내 모든 원전의 수명을 20년까지 연장시킨다면 오는 2066년까지 25억 톤의 이산화탄소 배출을 억제하는 효과까지 가능하다고 한다. 이 역시 향후 중동국가에도 적용될 것이 가시화되고 있기 때문에 이런 기술적 제공을 통해 알파 주기로서 제격이 아닐 수 없다.

셋 – 한일의 비소성 무기결합재

각종 건축에 사용되는 시멘트는 기후변화의 주범이었다. 단열재의 석면 보드처럼 말이다. 특히 시멘트는 주원료인 석회석과 점토 등 광물자원을 고갈시킨다. 석회석 채굴 과정에서 산림이 훼손되는 것은 물론 진동과 소음을 유발하고 추후에는 산업폐기물을 양산한다.

무엇보다 시멘트를 만들 때 석회석을 섭씨 1,450도에서 용융(熔融)하는 과정이 필요한데 이 과정에서 이산화탄소가 대거 배출된다.

기술적으로는 석회석에 함유된 CO_2를 분해할 때 '$CaCO_3 = CaO + CO_2$' 과정을 거치기 때문에 결국 시멘트 1톤을 만들 때 이산화탄소 1톤을 내뿜게 되는 것이다.

최근 한일이 개발한 '순환자원을 활용한 이산화탄소 무배출형 비소성 무기결합재'는 온실가스 주범인 시멘트를 대체할 재료라는 점에서 획기적인 그린 테크 기술이다. 이러한 기술은 중동국가에게도 적용이 확실시되고 있다. 그래서 그린 테크의 알파 주기의 세 번째 소개의 주인공으로 등장시키고 있다.

전문가들은 한일이 개발한 무기결합재를 두 가지 측면에서 높이 평가하고 있다. 하나는 시멘트 주원료인 석회석 대신 석탄재와 소각재 등 벌어진 산업폐기물을 재활용한다는 점에서 친환경적인 점으로 평가하고 있다.

다른 하나는 시멘트처럼 고온의 제조공정을 거치지 않기 때문에 이산화탄소 배출량이 기존 시멘트에 비해 1/10에 불과하다는 점이다.

따라서 향후 한국의 원전 기술을 중동국가에 전수하거나 이전하거나 또는 해외원전 플랜트를 수주하거나와 관계없이 '비소성 무기결합재' 소개는 부가가치 창조로서 안성맞춤이 될 수 있다. 방법론으로는 원전을 건설하면서 이런 기술적 적용이 가능하다면 큰 가치사슬로도 기대된다.

2 몰리브덴(Mo)을 통한 알파 주기에서의 원자력 평화적 이용

■ ■ ■ 원자력의 평화적 이용에는 여러 가지가 있다. 특히 우리 생활과 가장 밀접한 관계가 있는 분야는 의료기술에 적용되는 기술적 분야다.

예를 들면 연구용 원자로에서는 각종 질병 진단과 치료에 이용되는 방사선 동위원소와 원료 물질인 몰리브덴(Mo)을 생산할 수 있다.

몰리브덴이야말로 원자력의 평화적 이용의 대표적인 케이스에 속하고 동시에 중동국가에서 GCC 사무국이 추진하고 있는 연구용 원자로 건설에서 기대하는 아이템이기도 하다.

현대 의학에서 사용하고 있는 암 환자용 뼈 스캔(scan)은 방사성 동위원소 물질인 테크네슘(Tc)으로 핵 원자로에서 생산하는 몰리브덴(Mo)이라는 기초 방사선 물질을 가공해서 만든다.

원자로를 통한 의학적 의료 정책 수행

같은 이유에서 현재 중동국가 사람들에게 비만은 여러 가지 질병을 유발하고 있다. 심장병과 고혈압, 그리고 당뇨병과 폐암 등은 그들에게 고질적인 병마로 구분해 치료에 임하고 있다.

특히 폐암 환자에게는 암(癌)세포가 뼈로 전이되었는지를 알아보는 뼈스캔(scan) 검사가 필수다. 이들 암 환자들은 전이 여부를 빨리 확인하고 신속히 치료 방침을 정해야 한다. 하지만 한국 대학병원처럼 중동국가에서도 몰리브덴의 부족으로 암 환자의 진료 일자가 줄줄이 미루어지는 결과를 초래했다. 중동국가에 진출하고 있는 대부분의 방사선 치료기기 메이커들은 우리가 잘 알고 있는 GE나 Johnson & Johnson 등 메이저 그룹인데도 이런 차질을 빚고 있다는 점에서도 연구용 원자로를 통한 의학적(또는 평화적) 이용이야말로 알파 주기의 백미에 속한다.

앞에서 소개한 대로 GCC 사무국이 검토 중인 연구용 원자로 건설이 이루어지면 이에 대한 기대는 곧 원자력발전 기술이 평화적인 이용에서 지대한 영향력을 지니고 있다는 점을 방증시키기에 부족함이 없을 터다.

노후로 인한 캐나다 원자로(NRU)와 네덜란드 원자로(HFR) 가동 중지

방사성 의료 치료 물질인 몰리브덴 생산 원자로가 있는 나라는 캐나다와 네덜란드 등이다.

하지만 전 세계 몰리브덴 생산의 38%를 차지하는 캐나다 원자로(NRU)
는 올해 5월부터 시설 노후로 가동이 중단된다. 2011년 3월부터는 네덜란
드 원자로(HFR)마저도 노후 시설 수리로 6개월간 가동 중단에 들어간다.

몰리브덴의 품귀는 이미 예상된 상태로 진행되고 있다. 이를 잘 알고 있
는 중동국가의 GGC 사무국의 행보도 함께 바빠지고 있다.

중동·북아프리카 제품군별 의료기기 시장규모 현황

2007년, 단위 : 억 달러, %

구분	시장규모	비중
Bandage & other medical supplies	4.79	8.2
Medical X-ray film	0.86	1.5
Rubber surgical gloves	0.43	0.7
Medical, Surgical, laboratory serilisers	0.41	0.7
Wheelchairs	0.40	0.7
Contact lenses	1.23	2.1
Medical equipment	29.69	50.6
Electromedical	6.68	11.4
Syringes, needles & catheters	7.62	13.0
Dental instruments & appliances	1.35	2.3
Ophthalmic instruments & appliances	1.17	2.0
Other instruments & appliances	12.88	21.9
Therapy apparatus	2.47	4.2
Orthopaedic / prothetic good	11.14	19.0
X-ray apparatus	6.13	10.4
Medical furniture	1.14	1.9
total	58.69	100.0

자료원 : Espicom, World Medical Market Forecasts to 2012.

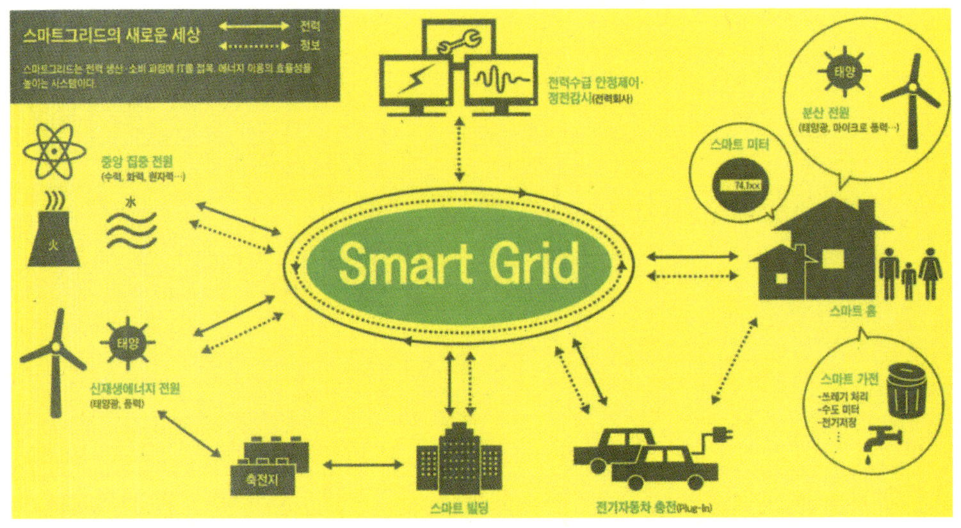

가파른 상승세를 보이고 있는 중동국가와 아프리카 의료시장

그렇다면 해외원전 플랜트산업에서 알파 주기로서 중동국가 의학적 부가가치는 행복방정식에서 어떤 규모의 경제가 있을까. 어떤 가치사슬이 있을까. 최근 KOTRA가 발표한 〈중동 미래성장산업 진출 가이드〉(38쪽 참조) 자료는 좋은 길라잡이가 된다.

이 시장 규모는 58억 6,900만 달러(2007년 통계)에 달하고 매년 성장률도 15.1%로 높다. UAE 아부다비에 한국 우리들병원이 지난 2008년부터 척추센터를 운영해서 좋은 반응을 얻고 있다는 점으로 미뤄 보아도 원자로의 의학적 이용에 그 진가가 고스란히 전해질 수 있다고 본다.

3 알파 주기에서 스마트그리드는
먼 길을 함께 가는 동반자

■ ■ ■ 빨리 가기 위해서는 혼자서 가는 것이 최선이다. 대신 먼 길을 가기 위해서는 동반자와 함께 가는 것이 더 효과적이다. 원자력발전을 통해 중동국가에게 주는 파이, 즉 원원전략의 고등수학인 행복방정식에서 세 번째 스마트그리드(s-Gride)는 아직은 미완성 그린 테크임과 동시에 선진국들도 스마트그리드 표준에 목을 매고 천문학적인 자금과 전문 인력을 투자하고 있기 때문이다. 또한 그린 뉴딜의 결정판은 스마트그리드로 이미 예견되었고 그렇게 인지되고 있음에서 그렇다. 왜냐하면 스마트그리드는 전기 에너지 이용의 효율성을 높이고 신재생에너지 사용을 활성화하는 차세대 전력시스템이기에 더욱 그렇다.

우선 에너지 이용의 효율성을 높이기 위해 기존 전력망에 정보기술(IT)을 접목한다. 빌딩과 주택에는 구형 전력 미터기 대신 스마트 미터기가 장

착되고 매월 발행되는 전기요금서 대신 매일 사용한 전기량과 요금을 실시간 체크해 제시한다. 전기요금 체계도 달라진다. 지금은 일반 가정의 경우 하루 종일 요금이 같지만 장래에는 시간대에 따라 차등 요금을 적용한다. 소비자는 스마트 미터기를 보면서 요금이 비쌀 때는 가전제품 사용을 줄였다가 요금이 저렴한 시간대에 사용하는 식으로 전기를 효율적으로 사용할 수 있다.

전기 생산과 전기 소비의 혁명

스마트그리드는 전력 소비뿐만 아니라 전력 생산에도 많은 변화를 가져온다. 무엇보다 전력 피크 타임의 전기 소비가 대폭 줄어 온실가스의 주범인 발전소 건설을 최소화할 수 있다. 소비자의 생활이 발전하고 고급화되면서 수반된 더 많은 전력 수요는 원자력발전소 건설로 커버할 수 있다는 것이다. 더 큰 편익은 스마트그리드의 전력 분산 시스템과 태양광과 풍력의 신재생에너지 설비의 결합에 대한 기술적 애로가 도사리고 있었지만 스마트그리드가 해결사로 등장하게 된다는 점이다.

실제로 신재생에너지 활성화의 큰 문제는 생산한 전력을 기존의 전력망에 자연스럽게 연결해서 공급하기가 어렵다는 점이다. 일정한 전압으로 흐르는 기존 전력망에 태양광발전과 풍력 등 신재생 설비로 생산한 전력을 공급하면 충돌이 일어나 단전(斷電)으로 이어지는 문제점이 도사린다.

그러나 스마트그리드 기술을 활용하면 신재생에너지를 기존 전력망에 자연스럽게 공급할 수 있고 전력생산량의 변동성 문제도 해소할 수 있다.

또한 중동국가처럼 교체가 요구되는 낡은 전력망을 스마트그리드는 이를 자동으로 감지해 정전의 위험을 낮추고 전력의 품질까지 높이는 효과도 기대를 가능하게 만든 기술이기 때문에 알파 주기에서 스마트그리드는 압권에 속한다.

스마트그리드의 미래 모습

우선 스마트그리드의 압권은 스마트그리드의 미래 모습에서 찾을 수 있다. 미래의 모습은 크게 세 가지 측면에서 예상해 볼 수 있다.

첫째, 규모의 경제를 이루고 있다. 때문에 그린 뉴딜을 지향하는 세계 선진국들은 스마트그리드 기술 각축장으로 뛰어들고 있다. 미국은 향후 20년 동안 1,650억 달러에 달하는 거대 시장으로 기대해서 오바마 행정부가 앞에 서서 관련 기업을 돕고 있다. 이미 IBM과 구글 등 미국 내 주요 IT기업들이 스마트그리드 기술시장을 주도하기 시작했다.

둘째, 국가별로 처한 환경에 따라 스마트그리드가 다양하게 전개되고 있다는 점이다. 미국은 사업추진의 핵심을 노후전력망 교체라고 할 수 있으며 동시에 양방향 통신까지 아우르고 있다.

유럽은 신재생에너지 활성화를 목표로 기존 전력망과 신재생에너지를 연계하는 사업이 활발하다. 일본의 경우는 개별 가정 단위의 마이크로그리드가 중심이 되도록 기술적 중점을 삼고 다른 한편으로는 국제표준 제안에 앞장서고 있다.

한국은 스마트그리드 실증단지(test bed) 구축을 통해 선도적인 국가로의 발전을 기대하고 있다. 지난해 7월 기후변화주요국 포럼(MEF)에서 스마트그리드 선도국으로 지정됨으로써 국제적 인증을 받고 있다.

이를 통한 기술적 발전은 곧 중동국가가 구축하고 있는 제로카본시티부터 적용시킨다면 그린 뉴딜에서 세 번째 알파 주기로서 그 기대와 가치는 의미부터 깊다.

셋째, 기업경영환경의 메가트렌드 출현이다. 전기자동차와 에너지시장 솔루션, 그리고 지능화된 건물에 적용되는 기술들에 의해 혁신적인 신시장이 전개됨을 제시하고 있는 점이다.

Jeju Bigbang

한국은 올해 1월 미국 일리노이 주정부와 미국 내 스마트그리드 비즈니스 모델 공동실시와 공동기술 개발 등을 주요 내용으로 하는 '스마트그리드 협력 양해각서(MOU)'를 체결했다. 이를 통해 한국은 세계 최대 미국 스마트그리드 시장에 교두보를 확보하게 되었고 반면 일리노이 주는 한국기업에 따른 일자리 창출을 기대하게 되었다.

2009년 6월 한미 정상회담에서 구축한 스마트그리드 협력관계를 실질적 프로젝트로 구체화한 의미도 있다. 이를 위해 한국 정부는 관련 법률 제정과 로드맵 수립에 박차를 가해 스마트그리드 코리아를 지향한 비상의

미국 '그리드2030' 프로젝트

2010년	2020년	2030년
- 양방향통신이 가능하고 요금거래 인터페이스를 갖춘 차세대 스마트미터 개발 - 그리드와 결합한 지능형 가전기구와 전기제품 개발 - 수요자 중심 운영과 분산 전원 개발로 전력시장에 소비자 참여 유도	- 플러그 앤드 플레이(P&G) 방식으로 전력, 냉난방, 습도조절 기능을 갖춘 수요자 중심의 종합 에너지시스템 개발 (임대방식으로 확충) - 전압·주파수 등의 자동제어로 완벽한 전력품질 제공 - 원거리용 초전도 케이블 개발	- 어느 소비자가 원하든지 안정적이고 효율성이 높은 디지털화된 전력 시스템 사용 - 전국 어디서나 저탄소 청정에너지의 사용 가능 - 누구나 사용할 수 있는 에너지 저장 시스템 개발 - 국가 초전도 케이블 전력망 구축

날개를 달게 할 것으로 알려졌다.

2009년 8월 제주도 구좌읍에서 첫 삽을 뜬 '스마트그리드 실증단지'는 이제 좁은 국내시장에 안주할 수 없는 관련 기업들에 미래 지향의 글로벌 시장을 향한 전초기지로서, 제주 빅뱅으로서 많은 국가들을 초청해 메이드 인 코리아의 실질적인 스마트그리드의 기술적 발전 모습을 보여주는 데 앞장설 것이 기대된다.

단언컨대 빨리 가기 위해서는 혼자 가는 것이 상수이지만 그린 뉴딜이라는 먼 길을 가기 위해서는 함께 가는 일이 최선이기 때문에 중동국가에 대한 알파 주기로서 스마트그리드는 더 큰 기대주로 떠오르고 있다.

4 인재양성을 통한 알파 주기로서 커리큘럼 개발과 제안

■ ■ ■ 올해 들어 제주와 울산은 그린 뉴딜의 메카로 떠오르고 있다. 제주는 바로 앞에서 소개한 제주 구좌읍 스마트그리드 실증단지 순례에 의한 관심이고 울산은 원자력발전소 기술현장을 견학하는 코스가 된 것이다.

좋은 대조로서 제주 스마트그리드 실증단지는 말레이시아 정부인사가 많고 울산은 중동국가 공무원이 주류를 이루고 있다.

녹색성장의 동반자 말레이시아

지난해 6월 제주도에서 열린 한 · 아세안 정상회담에 참석한 나지브 라자크 말레이시아 총리는 한국 녹색성장 정책에 깊은 감명을 받았다고 한다.

　그 후 나지브 총리는 자국 과학기술부와 에너지 장관을 한국에 파견시켜 에너지와 원자력, 그린 테크와 바이오매스 분야의 발전 현황을 파악하고 결국 양국 협력방안 협의가 줄을 이어갔다. 나지브 총리는 말레이시아가 최대 바이오매스 생산국인 점에 착안하여 신재생에너지와 바이오테크놀로지를 활용한 친환경사업을 국책에 적극 반영하고 있다.

　동말레이시아 사바 주에서는 한국 기업이 1억 달러를 투자해 바이오디젤 생산공장을 가동 중이다. 선진국이 개발도상국의 온실가스 감축사업에 투자하면 그 감축 사업을 자국의 의무이행 실적으로 인정해 주는 청정개발체제(CDM)에 부합하는 열병합발전소 건설도 한국 기업에 의해 추진 중이다.

　말레이시아는 한국이 연간 소비하는 액화천연가스(LNG)의 25%를 공급해 주요한 에너지 파트너이자 무역투자 파트너가 되었다. 여기에 대조적

으로 말레이시아 버자야(Berjaya)그룹은 제주도 예래단지에 18억 달러에 이르는 리조트 단지를 건설하기 시작했다.

현재 제주도가 말레이시아인의 방문 러시를 이룬 이유를 읽게 하는 대목이다.

원자력발전의 동반자 아부다비

지난해 12월 UAE 원자력발전소 수주에 따라 울산 신고리 3호 현장은 아부다비 관련 인사들의 방문이 줄을 이어가고 있다.

원자력발전의 꿈에 젖은 이들에게서 울산은 이미 원자력 메카가 되었다.

관련 르포는 현지 신문매체에도 심심치 않게 등장할 정도다. 이게 단발의 뉴스가 아니라는 점이다. 앞에서 여러 차례 소개한 대로 원자력발전소 건설 6년, 운영 60년이라는 점에서 보면 시작에 불과함을 알 수 있다.

특수 수요에 따른 비즈니스 모델(BM) 커리큘럼 개발·판매·교육

행복방정식의 네 번째 알파 주기는 특수 수요에 따른 커리큘럼 비즈니스 모델(BM)의 챙기기다. 주고 또 받는 단순한 원리다.

말레이시아(스마트그리드)와 중동국가 아부다비(원자력발전)가 요구하는 수준의 그린 정책과 그린 테크를 주제로 삼는 교육 커리큘럼의 개발과 판매, 그리고 교육에 대한 수요를 충족시키는 일이다. 이미 카이스트(KIST)는 UAE의 국립 칼리파 과학기술연구대학(KUSTAR)과 파트너십 협약을 맺고 연구·교육 노하우와 커리큘럼 등을 패키지로 제공하고 있다.

수도전기공업고를 운영하고 있는 한국전력은 UAE과학기술고(IAT) 학생을 상대로 초청교육을 실시하고 있다. 말레이시아도 이런 수준의 그린 정책과 그린 테크의 교육 커리큘럼을 요구하기 시작했다. 문제는 이들이 요구에 부응하는 교재, 이를테면 영문으로 만들어진 커리큘럼이 태부족이다.

그러하다 해도 실상은 이러한 수요에 공급이 제대로 이루어지지 못하고 있다는 점이다. 알파 주기에서 인재교육과 인재양성에 적극적이어야 하는 이유는 이들이 향후 그들 나라의 미래를 짊어질 인재라는 점이다. 이들에게 필요한 커리큘럼은 아마 이런 것이 좋은 교재일 것이다.

실제로 나의 졸저(拙著) 〈스위트 그린머니〉에서 이 부분을 기술한 바 있다. 경향 각지에서 많은 독자로부터 문의와 제안을 고루 받았다. 그래서 이런 것으로부터 공론화가 가능해진 것이다.

예를 들면 원자력 커리큘럼은 이렇게 그들의 요구에 응하면 될 것 같다.

- 원전 계측제어 시스템(MMIS)

- 핵융합에너지 발전전망과 산업화 로드맵

- 원자로 냉각재펌프(RCP)

- 원자력발전소 방사성폐기물 관리시스템 등등

스마트그리드는 제주 구좌읍 실증단지에서 진행시키고 있는 수준의 커리큘럼이면 된다.

- 스마트그리드 기술개발전략과 구축 로드맵

- 스마트그리드 구현 기반기술인 전력선통신(PLC) 적용기술과 표준화 동향

- 스마트그리드 핵심제품인 에너지경영시스템(EMS)

- 스마트그리드 구현 기술인 분산전원 연계시스템 동향 등등

하지만 이론과 현실은 같은 방향으로 가기가 어렵다. 특히 외국과의 교류협력은 적지 않고 다른 그 어떤 것을 요구하기가 일쑤다. 이 점까지 생각한 다음 시뮬레이션을 그려 보고 나서 이러한 알파 주기를 통해 현실적

대안을 미리 챙겨야 할 것이다.

이러한 노력과 준비만이 GCC 권역을 이루고 있는 6개국에도 적용되는 커리큘럼 비즈니스라는 점이야말로 범위의 경제를 이루고 있다는 점에서도 그 가치와 기대는 클 수밖에 없다.

PART 6에서의 결론은 원조로 일군 '한강의 기적'을 50년 만에 되갚는다는 수준의 주는 외교에 부합되게끔 알파 주기로 격상해서 네 가지로 간추려 제안해 보았다.

대신 PART 7에서는 주는 것이 있다면 받는 것도 있어야 하기 때문에 파이 넓히기로 규정해서 이를 살펴보자.

PART 7

중동국가에게 필요한 해외원전 플랜트산업의 행복방정식(2) – 파이 넓히기

1 남은 5%가 더 중요하다

■ ■ ■ ■ '치열한 패싸움 끝에 백(白)이 중원을 잡는 데 성공했다. 마지막 바둑알이 승부를 갈랐다. 많은 사람이 묘수였다며 감탄한다.

하지만 그뿐이랴. 마지막 한 알이 적진의 심장부를 초토화하기 전 던져진 다른 바둑알의 활약상에도 우리는 주목해야 한다.'

위에 인용한 구절은 'UAE 원전 쾌거의 숨은 주역'에서 발췌한 잡지매체의 기사다. 나는 파이 넓히기에서 안전성 1위인 한국 원전기술에서 남은 5% 기술적 부족을 꼽았다. 왜냐하면 기술 세계는 끊임없이 발전하고 있고 이를 통해 다른 수주전선에도 우위 확보가 가능하기 때문에 '다른 바둑알의 활약상'이 거머쥘 것에 대한 기대가 더 크다.

남은 5%로 지칭되는 원전 설계 코드와 원자로 냉각재펌프, 그리고 원전

제어계측장치 등이 보완되면 순수한 100% 한국 기술로 지금까지 원전 원천기술업체에게 주고 있는 높은 로열티에서 자유스러움이 가능할 수 있다. 이를 위해서는 앞에서 인용한 'UAE 원전 쾌거의 주역들'에 거는 기대치가 남다를 수밖에 없다.

남은 5%마저 국산화하라

UAE에 수출하는 한국형 원전 모델은 'APR1400'이다. 미국 웨스팅하우스 AP1000과 프랑스 아레바 EPR1600 등과 함께 'APR1400'은 원전 3세대로 분류된다.

최근 여기에 중국이 도전장을 들이밀고 있다. 중국은 연안지역에 웨스팅하우스 힘을 빌려 원전 4기를 짓고 있다. 모두 AP1000 노형을 채택하면서 미국 측에 모든 기술에 대한 이전을 계약조건으로 걸었다. 또한 중국은 후난성과 장시성 등 내륙지방에 건설할 원전 9기에 자체 원전기술을 적용할 것을 밝혀둔 상태다. 그 좋던 한국 조선산업이 후발국 중국의 추월로 비틀거리는 모습을 보면 UAE 원전수주로 들떠 있을 수 없는 기술 세계가 도사리고 있다. 이를 위해 남은 5%의 국산화는 절체절명의 명제이자 풀어야 할 과제가 된다. 웨스팅하우스의 원주인은 일본 도시바가 아닌가.

아부다비 실라에 세워질 원자력발전소의 공기는 2017년까지다. 한국 정부는 오는 2012년까지 남은 5% 기술을 자체 개발할 것으로 밝혔기에 남은 5% 국산화 주문은 설득력에도 명분까지 겸한다.

부족한 5% 완비를 통해 영국 등 선진국 원전에 진출해야 진정한 강자로 인정받게 됨은 물론 원전 진출 역사보다 가격경쟁력을 통한 실적이 우선시되는 기술 세계를 리드하기 위해서다.

한마디로 원전 수출을 획기적으로 늘리려면 5% 부족을 극복하고 이어서 원천기술 국산화가 필수적이기 때문이다.

2012년까지 APR+ 개발 완료

최근 한국 지식경제부 발표에 따르면 'APR1400'에 이어 100% 완전 국산화의 원전 노형 'APR+'는 오는 2012년까지 개발 완료가 가능하다고 주장했다.

이것이 현실화되면 최근 중동국가에 불고 있는 원자력발전소 러시에 동 승할 수 있는 기술적 카드로서 일석이조의 효과이며 한국의 국부와 직결 되는 일은 꿈이 아닐 것이다.

이제 길은 열었다. 해외원전 플랜트 면허장도 거머쥐었다. 한국 원자력 기술연구원의 기술개발 엔지니어는 이미 세계가 놀라울 수준의 'APR+' 에 대한 기본 설계를 끝내고 남은 5% 부족에 비지땀을 흘리고 있다.

이게 완성되면 세계 원전시장은 물론 중동국가에게도 큰 영향력으로 군 림해서 명실상부한 원전 수출국으로 등극을 보장받는 지름길이 된다. 때 문에 파이 넓히기에서 5% 부족을 첫 번째로 등장한 이유가 바로 이것일 것이고 동시에 이를 완수시킬 주역들에 거는 기대는 앞에서 소개한 잡지 매체의 다음 부분을 읽으면 좋은 답이 그대로 녹아 있다.

'……(前略). 30년이 넘는 긴 세월 동안 온갖 편견과 비판을 감내하며 원전 기술 개발에 매달린 이들이 있었기 때문에 가능했다.

이들의 헌신이 없었다면 원전 수출은 무모한 도전에 그쳤을지 모르는 일이다(下略).'

2 노후된 중동국가의 전력산업을 업그레이드시킬 파이 넓히기의 수익 아이템

■ ■ ■ 바로 앞 장에서 나는 알파 주기로 그린 테크의 백미인 스마트그리드를 함께 공유하는 일을 주제로 삼았다. 주는 것이 있다면 응당 받는 것도 있어야 된다는 명분론도 제시했다. 그렇다면 왜 스마트그리드가 알파주기와 파이 넓히기를 동시에 이루는 일이 가능한 것인가에 대한 의문은 저절로 생기기 마련이다.

향후 스마트그리드가 국제 표준에 의해 공용화 기술 수준에 이르면 지금의 중동국가에 사용되고 있는 전력망은 노후가 극에 이르러 교체가 불가피하게 되기 때문이다. 한꺼번에 교체하는 것이 아니라도 부분적으로 교체하는 비즈니스 아이템이 생김을 의미한다. 예를 들면 오는 2017년 아부다비 실라에 원자력발전소가 건설되면 자연스럽게 상응한 전력망 구비도 필수다.

다시 말해 주고받는 상행위(商行爲)에 따라 현재 중동국가의 노후된 전력 망 교체는 가히 천문학적인 전력산업의 프로젝트가 될 수 있다. 더욱이 기 존의 전력망에 세상을 비추는 빛으로서 '전력+IT'를 적용시키면 덩굴째 로 굴러올 수 있는 아이템이기에 아마도 이런 빅 비즈니스는 달리 찾기가 어렵다.

글로벌 경쟁력 키워드 '전력+IT'

아쉽게도 한국의 전력기술은 아직 세계 수준과 거리가 있다는 평가다. 독일 등 서유럽에서 19세기 이후 전력산업이 태동한 것과 무관하지 않다.

ABB와 슈나이더 등 한국보다 100년 가까이 먼저 기술력을 쌓아온 이른 바 원조 전기·전력 기업들이 아직도 세계 시장을 주름잡고 있다. 하지만 한국 정부와 관련업계는 이 상황을 해결하는 카드로 '전력+IT'를 꺼내들 었다. 우선 글로벌 경쟁력을 확보한 IT를 전력기술과 융·복합화해 새 부 가가치를 창출하는 신성장산업으로 가늠해서 전력IT를 추진해 왔다.

전력IT는 전기·전력관련 기술의 디지털화와 지능화, 고부가가치화와 친환경화를 추구함으로써 이 산업을 혁신시키고 세계 시장으로 진출할 수 있도록 하는 게 목표다.

외국에서도 이러한 시도는 이미 활발하다. ABB 등 세계적인 기업들은 전력 IT로 복합된 가치를 제공함으로써 포화된 시장 상황을 타개하고 있다.

한국 정부는 지난 2007년 4월 전력IT사업단을 출범시켰다. 일부 전력

IT 과제는 벌써 성과를 내고 있다. 특히 배전자동화는 처음부터 해외수출을 목표로 상품화에 초점을 맞추어 이미 기술력이 세계적인 수준에 근접했다는 평가마저 받고 있다. 여기다가 IT기반 대용량 전력수송제어시스템을 비롯하여 에너지관리시스템과 전력반도체 기술응용시스템, 그리고 전력선통신 유비쿼터스 개발시스템 등은 상당한 수준에 이르렀다. 모두가 중동국가들에게 적용되고 동시에 파이 넓히기에서 괄목할 만한 수출 효과 아이템으로 등극될 것이 예상된다.

한국의 초고압 케이블은 세계로 통한다

중동국가의 노후된 전력망의 교체는 시급을 요구하고 있다. 이 분야는 '전력 + IT' 개념이 더 필요하게 된다.

바로 '전선(電線)의 꽃'이라고 불리는 초고압 케이블은 전선 관련 기업에는 시험이다. 대도시나 대규모 공단에 사용되는 초고압 케이블 자체의 안정성과 신뢰성을 담보하는 것도 그렇지만 초고압 케이블을 연결하는 접속재(接續材)를 생산하려면 업계 최고의 기술력이 필요하다. 이를 세계적인 수준에 오르게 한 한국의 빅3인 LS산전과 대한전선, 그리고 일진전기 등은 중동지역에서도 좋은 평가를 받고 있다.

세계적인 전선기업들이 진을 치고 있는 중동국가에서 이들 빅3의 선전은 향후 해외원전 플랜트산업에도 괄목할 만한 성적표가 쌓일 것으로 예상되기도 한다.

두터운 해외시장의 길을 개척하기 위해 중국을 비롯하여 인도 등에서 선전한 경력을 무기 삼아서 중동지역에서 이룬 성과라고 본다.

하지만 한국 빅3의 세계시장 점유율은 5% 내외다. 우선 노후화한 전력 설비를 대규모로 교체하기 시작한 미국과 유럽시장에서는 아직까지 미미한 수출실적을 쌓고 있다.

세계로 통하는 초고압 케이블의 기대는 중동국가에서부터 꽃을 피우고 있기 때문에 가시화에 따라 파이 넓히기로 보아야 될 것이다.

예를 들면 LS전선의 실시간 송전용량산정 시스템과 대한전선의 다양한 광케이블, 그리고 일진전기의 초고압 가스절연개폐장치(GIS) 등이 중동국가에서 수익 아이템이 되고 있음이 그렇다.

3 중동국가에서
파이 넓히기는
트리플 패키지 제안으로

■ ■ ■ 앞에서 여러 차례 언급한 대로 미국 오바마 행정부는 그린 뉴딜에
서 얻어내는 국책수행목표를 단 하나뿐인 지구온난화 방지와 글로벌 금융
위기를 극복하겠다는 의미에서의 경기 부양, 그리고 갈수록 늘고 있는 국
민의 일자리 창출 등 세 가지 트리플(triple) 효과의 기대로 정리했다. 그 결
과는 맛이 있고 영양가가 풍부한 사과(apple)처럼 모든 국민 삶의 질 향상
으로 모아질 수 있다는 기대가 맨 중앙에 있다. 이를 중동국가에 패러디해
보면 세 번째 파이 넓히기의 밑그림이 그려질 수 있다. 그것도 맛있는 사
과처럼 트리플 패키지로 말이다.

예를 들면 한국이 해외원전 플랜트 수출을 통한 세 가지 파이 넓히기는
인프라 플랜트 수주와 안정적인 화석연료 확보, 그리고 이자 개념보다는
배당 개념이 강한 중동 오일머니의 환류(還流) 등을 꼽을 수 있다. 다 아는

애기라 해도 이 세 가지의 파이 넓히기(또는 확보)에 대한 우리의 결실과 우리의 각오는 어제와 달라야 하는 이유로서 가차사슬이 가능한 패키지 제안을 생각할 수 있다.

글로벌 인프라 잡고

세계 건설 시장 규모는 현재 약 6조 5,000억 달러로 추정하고 있는데 앞으로도 매년 5% 정도씩은 규모가 커질 전망이다.

지난해 12월 일본 닛케이 비즈니스 발표에 따르면 향후 추진될 세계 인프라 투자는 430조 엔으로 집계하고 있었다. 중국 인도와 같은 신흥개도국과 미국 등 선진국들이 경제 활성화와 경쟁력 강화를 위해 교통·에너지·환경·통신 분야에 집중 투자할 것을 계획하고 있기 때문이다.

해외 건설 분야는 한국 경제의 지속성장을 위해 매우 중요한 성장원천이 되고 있다. 한국 경제가 지금의 글로벌 금융위기에서 벗어나 한 단계 도약하는 데도 해외건설은 선봉장 역할을 담당했다.

따라서 글로벌 인프라를 잡기 위해서는 첫째로 금융조달 기능을 강화해야 한다. 해외건설 시장에서 단순 도급사업은 감소하고 위험부담과 수익성이 큰 대규모 투자사업의 발주가 늘어나는 추세다.

특히 중동산유국은 자원개발과 인프라 투자를 연계에 발주함으로써 자국의 SOC를 확대하는 전략을 구사하고 있다. 이를 수주하기 위해서는 대규모 자본과 금융위험 부담을 뒷받침해 줄 건설 펀드 조성의 대규모와 글로벌화가 필요하다.

둘째는 원천기술력을 확보하고 한국 기자재 사용률을 높여야 한다. 그동안 한국 건설기업들이 수주 제안시를 제대로 작성하지 못하고 수익성이 낮은 근본적 이유는 기본 공장설계와 같은 기술력이 선진국에 비해 크게 취약하기 때문이다.

셋째는 한국 고유의 '패키지형' 사업전략을 적극 추진할 필요가 있다. 여기다가 정부 차원의 해외건설을 위한 평상시 외교 강화의 노력도 요구된다.

넷째는 기존의 실적과 기술적 명성을 지속시키는 일에서 한 치의 소홀함을 보여서는 안 될 것이다.

한국이 그동안 중동 건설시장에서 쌓았던 '경쟁력의 3박자' 로 지칭하고 있는 '기술 + 가격 + 시간' 을 명가의 보검으로 삼아 글로벌 인프라 수주에 나서야 한다. 실제로 리비아에서는 '한국은 몰라도 대우건설은 안다' 할 정도로 공사 수주 능력을 평가받고 있는 사실이 이를 잘 설명해주고 있다. 만에 하나 있을 법한 덤핑수주와 과다지출은 업계 스스로 자정하고 정보 교환을 통해 경쟁국을 이기는 지혜도 겸해야 할 것이다.

안정적인 화석연료를 확보하고

한국은 지난 2008년 7월 석유 1배럴당 147달러라는 고유가 시대를 경험한 바 있다. 국제 유가는 항상 오르내리기를 반복하고 있기 때문에 안정적인 원유 확보는 이제 필수에 가깝다. 다행히도 중동국가들이 한국의 원자력발전에 고무되어 있는 관계상 원유 확보에는 청신호로 작용할 것이 예단된다. 한국의 에너지원(源)의 97%를 수입에 의존하고 있어서 원유 도입도 파이 넓히기의 패키지로 삼아야 하는 과제를 직시해야 한다.

중동 오일머니의 환류까지 고려하고

최근 중동국가의 국부펀드 운용 패턴은 많은 변화를 보이고 있다. 우선 이번 글로벌 금융위기를 겪으면서 거의 모든 중동국가 펀드가 적잖은 손해를 입었다. 확실한 통계는 제시할 수 없지만 운용기금의 15~20%의 손실로 파악되고 있다. 따라서 운용의 다변화를 서두르고 있다.

실제로 배당 개념인 이슬람 수쿠크 발행은 말레이시아와 싱가포르에 집중적으로 몰리고 있다. 이를 반면교사로 삼아 한국 정부는 뜨거운 감자로 등장하고 있는 이슬람 머니에 관한 법적 뒷받침을 새롭게 정리하는 기민성을 보여야 한다.

지난해 한국 정부가 관련 법안을 국회에 내면서 이슬람채권에 대한 세제 혜택 방침을 발표하자 아부다비와 쿠웨이트 등 이슬람 국가의 펀드들이 투자 타당성을 검토하기 위해 한국을 다녀갔다. 지금은 한국 국회의 외면으로 보류 상태다. 이슬람 채권 수쿠크는 한국이 그쪽에 돈을 주는 것이 아니라 투자를 받는(한국 기업이 수쿠크를 발행하면 이슬람 자본이 투자) 테러자금과 결부시킨 결과다.

이슬람권의 국부펀드는 아부다비투자청이 운용하는 자산만도 한국 한 해

국내총생산(GDP)과 맞먹는 등 모두 1조 5,000억 달러가 넘는다. 하지만 한국 국회의 어이없는 외면 결정 닷새 뒤인 400억 달러에 달하는 아부다비 원진 4기 수주가 결정되었다. 지식경제부는 12월 27일을 '원자력의 날'로 제정을 제안했고, 이명박 대통령은 '제2의 중동 붐'을 기대한다는 희망을 피력했다. 그런데도 실상은 이슬람 채권 수익에 대한 세금면제 조항 하나 손대지 못하면서 제2의 중동 붐을 기대할 수 있을까.

실제로 2000년부터 발행한 수쿠크는 2007년 331억 달러로 사상 최대를 기록했다. 이슬람권은 세계 총생산의 18%에다 세계 인구의 24%를 차지하고 있다. 여기에 그치지 않고 이슬람금융은 5년 이상 장기투자를 선호하고 담보보다 사업성을 중시하기 때문에 이를 그린 테크 개발비와 그린 비즈니스 자원으로 활용하면 그 부가가치는 큰 이익으로 돌아올 수 있는 시드머니로도 운용이 가능하다. 때문에 파이 넓히기에서 트리플 패키지 제안은 글로벌 인프라 잡고 이를 통해 안정적인 화석연료 확보를 보장받으면서 중동 오일머니 환류까지 기대하는 등 세 가지 수익계정으로서 정책적 지원과 관심을 제안한 것이나 다름이 없을 터다.

PART 6에서의 결론이 알파 주기로서 중동국가에 대한 선린외교라면 PART 7에서의 파이 넓히기는 곧 국익계정이면서 동시에 국부펀드의 증대라는 점이 다르다.

비록 다른 점이라 해도 서로의 절충과 보완에서 행복한 방정식 설립이 가능하다. 이런 개념에서 함께 노력한다면 진정한 행복방정식은 단발이 아닌 지속 가능하게끔 발전되고 더불어 원자력발전 건설을 통해 미래를 함께 가는 동반자 관계로 이어짐을 기대해도 된다.

PART 8
이명박 정부의 미래 먹을거리로서 중동국가에
대한 원자력발전 수주의 기회와 기대

1 상대는 글로벌 기업이다

■ ■ ■ ■ 지난해 12월 27일 아부다비발(發) 400억 달러 원전 4기 수주에서 한국의 감동은 크게 두 가지로 정리가 가능하다.

하나는 원전운영 30여 년 만에 해외원전 플랜트산업에 진출할 수 있는 면허장을 거머쥐는 일에서 일보 발전할 수 있다는 자신감 확보다.

다른 하나는 세계 원전산업을 아우르는 기라성 같은 글로벌기업들의 반응과 대비가 남다름에서 느낀 섬뜩함과 거대한 무역장벽이 존재한다는 점 등이다.

한국은 원전 20기를 가동하고 그 안전성에서도 괄목할 만한 성적표를 쌓았다지만 해외 수주 실적이 없다는 이유 때문에 항상 변방에 머물렀다. 이를 만회하는 기회의 장으로 나섰지만 해외원전 플랜트산업의 성공 여부는 글로벌에서 진검승부가 달려 있다는 점에서 자유스럽지 못했다.

우선 원전 수주전은 기업 차원보다는 정부 차원의 선린외교력이 없이는 꿈도 꿀 수 없는 거대 프로젝트이기 때문에 정상회담만이 불가능한 비즈니스를 가능하게 만들 수 있다는 점을 배제하기 어렵다. 하지만 정상회담은 한국만의 전매특허가 아니

다. 수주전에 참가한 모든 경쟁국가의 정상들이 직접 발로 뛰고 있다.

UAE 아부다비 수주전에서 드러났듯이 프랑스 아레바를 밀고 있던 니콜라 사르코지 프랑스 총리는 직접 아부다비를 방문했고 그것도 못 미더워서 자신의 최측근인 비서실장까지 보내는 등 숨 막힌 열전을 치렀다.

중동국가에서 최강자 미국 GE는 일본 히타치(日立)그룹과 일본 종합상사까지 끌어들여서 아부다비 정부를 공략하는 기민성을 보였고, 미국 웨스팅하우스도 도시바를 끼고 가세했다.

원전 3세대 'VVER'을 개발한 러시아도 아톰 스토리 엑스포트(Atom Stroy Export)를 통해 수주전에 합세했다.

세계 원전시장을 주무르는 4인방 메이저 그룹을 제치고 코리아 컨소시엄이 수주에 성공했으니 그게 한국의 국운이고 천운일 수 있다. 그러나 이 수주전 성공은 기대일 수 있지만 기대(期待)를 만족하기 위해서는 우선적

으로 향후 글로벌 원전 수주전에 함께 뛰어야 하는 글로벌 기업과의 일전이 기다리고 있다는 점을 간과할 수 없게 한다.

전 세계는 그린 뉴딜을 완성하기 위해서는 전력 에너지의 확보가 필수이기 때문에 그 대안으로는 이제 원자력발전은 대세로 자리매김이 가시화되고 있다는 점을 기회(機會)로 삼는 패러다임 시프트(발상의 전환)를 가져야 한다.

지금은 원자력발전이 안정성까지 검증되었고 발전 단가도 가장 저렴한 전력 에너지로 판정된 마당에서 원전 르네상스는 이제 시작이다. 그래서 한국 이명박 정부는 광의의 글로벌 개념의 경쟁상대를 간추려 이를 대응하는 일로부터 원전 르네상스의 기회와 기대를 동시에 거머쥐어야 한다.

원자력발전의 미래는 해외에서 진검승부로

이를 위해서는 한국 원자력 컨소시엄은 국내에서 다져진 기술과 안정성 확보를 통해 진검승부처를 해외로 뻗어나가야 한다. 원자력발전소 건설에 대한 타당성은 이제 검증단계를 넘어 수용단계로 접어들면서 폭발적인 호응을 얻고 있는 게 세계적인 추세이기 때문이다. 세계원자력협회(WNA)는 2030년까지 원전 430기가 더 지어질 것으로 보고 있다. 지금의 432기 가동이 앞으로 20년 안에 이 숫자만큼 늘어날 정도라고 한다.

원전시장 규모도 1조 달러에 달할 것이라는 점에서 해외원전 플랜트산업은 초미의 관심사로 대두되었다. 그래서 미국 · 프랑스 · 일본 · 러시아·캐나다 등 세계 각국은 원전 수주에 국운을 걸다시피 하고 있다. 원전 기술력뿐만 아니라 외교력을 총동원하고 있다. 무기수출보다 더한 각축전이 벌어지는 곳이 원전시장이라는 얘기도 나온다.

한국의 차기 전투기(FX)사업 규모가 5조 6,000억 원으로 이번 UAE 아부다비 수주 금액의 1/4 정도다. 여기에 새로운 원전 수주 강자로 코리아 컨소시엄이 등장한 것이다. 30년 동안 갈고닦은 원전 기술을 바탕 삼아 해외시장에 도전장을 내밀고 있으니 이명박 정부는 이를 국운이자 천운으로 삼아서 새로운 원전 발전 로드맵을 제시해야 한다. 이게 바로 해외원전 플랜트산업에서 필요로 하는 이명박 정부의 채무다. 거듭 강조하지만 이를 기회로 삼아 정부가 앞에서 끌면 관련 기업은 정부의 기대에 부응하는 노력을 보여야 한다.

베낄 것 없고 베껴서는 못 이긴다

한국은 2008년 이명박 정부의 출범과 함께 과거의 신성장 동력 추진계획을 전면 개편했다. 2009년 5월 향후 5년간 3대 분야 신성장 동력에 24조 5,000억 원의 재정을 투입하는 '신성장 동력 종합추진계획'을 확정했다.

3대 분야는 녹색기술산업을 비롯하여 원자력과 같은 최첨단 융합산업과 일자리 창출이 많은 고부가서비스산업 등으로 결정했다. 이 같은 계획은 54년 만에 정권교체를 이룩한 일본 하토야마 유키오(鳩山由紀夫) 내각이 다듬고 있는 '신성장 전략'과 일부 겹쳐서 진행되고 있다. 이러한 이유에서도 해외원전 플랜트산업을 발전시키기 위해서는 벤치마킹할 상대국은 하나가 아니라 다섯 나라로 늘어났다.

정보와 기술을 위한 해외 안테나를 높여 해외시장에서 진검승부사로 거듭나게끔 관련 업계를 도와주는 일이 곧 이명박 정부의 기회 제공이고 동시에 우리의 기대로 삼아야 한다.

이제 베낄 것이 없고 베껴서 못 이긴다는 점은 해외원전 플랜트산업에서 공통된 제안이고 동시에 필수적인 체크리스트가 된다.

적과의 동침과 중국의 도약

2010년 2월 한국전력은 프랑스 파리에서 우라늄 개발 분야 최대 메이저인 아레바와 우라늄 광산 공동개발 협력협정(Mining Partnership Agreement)을 체결했다.

프랑스 아레바는 2009년도를 기준해 연간 6,500만 톤의 우라늄을 생산하는 세계 제4위의 우라늄 메이저다. 이는 적과의 동침이 필요한 시대에 우리가 살고 있음이 간접 증명된 셈이다.

다른 상대는 거침없이 원자력발전소 건설에 올인하고 있는 중국의 공격무드다. 기술적 부족까지 상쇄하기 위해 미국 웨스팅하우스를 등에 업고 백두산 근처에 원자력발전소 건설을 밝힌 것에서도 한국의 글로벌 경쟁상대는 프랑스 아레바에 그치지 않고 세계적인 에너지 그룹으로 통하는 중국 정부까지 포함되고 있다는 점을 간과해서는 안 될 것이다.

2 해외 마케팅에서 길을 묻다

■ ■ ■ 우리는 흔하게 지금을 '자기 PR시대'로 규정하고 있다. 국가는 국가대로 기업은 기업대로 소비자는 소비자 자신을 드러내고 발표해서 검증을 받는 것이 일반화되었다. 이런 경향은 국가 경쟁력으로 직결되고 이를 인지한 결과에 따라 자기 PR 모드는 21세기 트렌드가 되었다.

원자력 르네상스가 열리기 무섭게 세계는 지금 원자력 헤게모니 싸움으로 하루해를 보내고 또 하루해를 맞고 있다.

앞에서 소개한 대로 오는 2030년까지 430기가 더 생기고 세계 시장 규모도 1조 달러에 달하는 맘모스 시장을 어느 나라나 어느 기업이 외면하기 어렵게 되었다. 여기서 벌어질 진검승부에서 승자가 되는 조건은 무엇일까. 최고의 승부사로서 등극에 필요한 준비는 무엇일까.

이제 해외원전 플랜트산업은 한국만의 안방 장터가 아닌 그야말로 글로벌 장터로 발전이 예시됨에 따라 범정부 차원의 지원이 필수적이라는 점에 어느 누구도 의문 제기가 어렵게 되었다.

여기에 도움말로는 '자기 PR시대의 도래'를 체크리스트에 올리는 일이 주목을 받기 시작했다.

중동국가에서 보는 한국

믿기지 않겠지만 중동국가에서 보면 한국은 변방(邊方)이다. 지정학적 위치라는 것에 비롯된 역사적인 관계까지 변방으로만 인지해오고 있다.

예를 들면 무아마르 알 카다피가 이끌고 있는 리비아에서는 대우건설은 알아도 코리아는 모르고 있듯이 중동국가 대부분은 사우스 코리아와 노스 코리아 구분에도 약하디약하다.

지금까지 노스 코리아는 핵(核)원자의 보유국으로 알았다면 사우스 코리아는 이번 UAE 아부다비 원전 수주를 통해 원자력발전소 건설에 탁월한 기술을 구축하고 있는 곳으로 알았을 정도다.

이게 중동국가에서 소통되고 있는 진실게임의 현주소다. 하물며 한국을 일본으로 혼돈하는 일은 애교 사항에 속할 정도다. 그래서 한국은 그들에게 타이완 정도의 변방으로 간주되기 일쑤다. 이를 타파하는 일이 이명박 정부의 최선의 과제로 등장하고 있다. 그 원인은 코리아 이미지업에 필요한 해외 마케팅의 부재나 해외 마케팅 전략팀 운영의 부실에서 오는 피해라는 점이 앞에서 소개한 진실게임의 바른 현지 시장조사에서 드러났다.

중동국가의 일부 관리나 관련 기업인들은 코리아의 위상과 발전, IT강국의 우수성과 원전 운영에서 얻어낸 안정성은 인지했다 해도 대부분의 국민들이 알고 있는 코리아 위상이 변방 수준을 벗어나는 데는 더 시간이 필요할 정도다.

중동국가 미디어 활용법

다른 의문제기로는 중동국가에서 발행되는 각종 매체에서 한국에 관한 기사 게재 빈도 수는 얼마 정도일까. 노출된 기사의 비중 수준은 어떤가. 한국과 인도의 매체 활용에서 단순비교의 차이는 무엇일까.

이 세 가지 대답에서도 한국은 중동국가 변방의 수준을 벗어나지 않고 있다. 결론부터 말하자면 인도 정부에는 중동국가 전담팀이 있는 반면 한국은 매우 열악한 수준임과 동시에 해외 마케팅의 부재로 인한 촌스러운 대접마저 감수해야 할 수준이다.

따라서 해외원전 플랜트산업이 르네상스를 맞고 있는 지금에 이르러서는 우선적으로 정부 차원의 코리아 이미지를 업그레이드시킬 PR시대임을 주목할 필요가 있다.

방법론으로는 첫째 중동국가에서 영향력이 있는 매체의 활용을 체크리스트로 삼아 적극적인 광고전략을 펼치는 일이다.

둘째, 중동국가 매스컴 담당자를 설득시키는 뉴스를 통해 스토리를 만들어 제공하는 일이다. 가능하면 중동국가에서 신임하는 국영 통신사를 활용하면 그게 모든 인쇄매체로 확대되는 선순환 구조를 활용하는 일이다.

셋째, 정부 차원에서 전파매체까지 확대해서 한국 그린 뉴딜을 다큐멘터리로 공동제작한 일도 한 방법이 된다. 그게 바로 중동국가 안방을 감동시키는 일에 해당한다. 최근 G20 준비위 외신 대변인으로 변신한 손지애 전 CNN 서울지국장의 국내 언론매체와의 인터뷰 내용은 정부 차원의 PR 전략으로서 중동국가에도 통용될 수 있는 도움말이 된다.

"우리의 발전된 정치 · 경제 · 문화가 세계에 제대로 알려지지 않아 안타까웠다."

전개론으로는 해외마케팅 교과서에서 가르치고 있는 대로 특화된 뉴스와 그린 테크 개발을 소개하는 중동국가 전담 홍보팀의 운영이다.

그 예시될 사례를 아래처럼 소개하면 이런 것이면 금상첨화가 따로 없을 터다.

특화된 그린 뉴스의 사례들

지난해 연말 영국 히드로공항에는 터미널 곳곳으로 운행하는 '울트라(ULTra)' 라는 무인택시가 등장했다.

컴퓨터 원격 통제로 운전자 없이 스스로 움직이는 이 택시는 앞으로 도심의 교통체증을 해소하는 데 도움을 줄 것으로 기대된다는 뉴스가 영국 더 타임스에 게재되었다. 길이 3.7m에 높이 1.8m, 그리고 무게 8.2kg의 이 무인택시는 한 달 만에 아부다비 국제전시장에서 개최된 세계미래에너지전시회에 실물로 등장해서 관람객에게 주목을 받았다.

이러한 뉴스를 우리가 특화하려면 최근 한국과학기술연구원(KIST)이 개발 완료시킨 '로봇 전기車'를 울트라처럼 중동국가의 유명한 국영통신에 보도자료 형식으로 뉴스를 보내는 일이다. 다음은 지리산고등학교에 유학 온 잠비아 소년 켄트 카마숨바(Kamasumba)가 한국 입국 7개월 만에 서울대 농경사회학과에 입학하는 휴먼스토리를 기사화시키는 일이다.

이게 중동국가는 물론 아프리카에 알려지게 만들고 또 지리산고등학교에는 제2의 카마숨바가 여러 명 공부하고 있다는 점은 어떤 소재, 그 어떤 감동도 따라잡을 수 없는 인간승리 뉴스로 발전이 가능해진다.

또 다른 다음은 세계 최대 규모의 조력발전소가 인천 앞바다에 건립된다는 뉴스의 특화다. 실제로 아부다비 원전 수주에 일등공신 한국수력원자력과 GS건설이 의욕적으로 추진하고 있는 인천만 조력발전소의 시설용량은 132만 kW로 현재 신

고리 원자력발전소 1기(100만 kW)의 시설용량을 넘어선 규모라는 점을 곁들여서 말이다. 거의 매일 한국 인쇄매체에 도배하고 있는 그린 뉴딜 소재를 중동국가에 통용되는 영자신문에 개제하는 일이 중요하다. 이 뉴스가 아랍어라면 더 바람이 없겠지만 말이다.

우선 해외 마케팅 부재를 해소하기 위해서는 한국에 진출한 아랍계 통신사를 상대로 밀착 취재원 활용과 섭외에 치중하는 일을 최대 과제로 삼아야 할 것이다. 이들을 움직이면 변방의 한국 기사일망정 중동국가 안방까지 찾아가기 때문에 그 광고 효과는 지대·지순·지고로 업그레이드가 가능하다. 가능하면 이들에게 먼저 다가서는 수준의 해외 마케팅 전술을 적용시킨다면 매스컴 운영의 가치는 배가되고 결국 국가적 PR 효과는 증대될 수 있다.

이를 이명박 정부는 우리를 변방으로 보는 중동국가에 적용시켜 미·일·중·유럽 수준으로 확대하는 모습을 이제부터라도 보여야 한다. 흔치 않는 국가적 기회와 더 큰 기대를 거는 일도 중요하지만 간단하고 쉽게 다가갈 수 있는 뉴스나 일반기사로서 중동국가 일반인까지 감동시키는 그린 소재의 기사를 제공할 전담팀 운영을 시작하면 된다.

3 그린 뉴딜에
녹색금융을 입혀라

■ ■ ■ 기후변화 대응이라는 명분을 등에 업은 녹색기술은 산업사회 이후의 모든 연구와 기술을 융합과 복합을 거쳐 빠르게 발전하고 있다.

여기에 이산화탄소 감축과 지구온난화 방지까지 겸한 녹색기술은 코펜하겐시대의 요구대로 일취월장하면서 올해는 리튬이온건전지를 이용한 전기자동차가 등장하게 되고 해외원전 플랜트 삽질이 시작된다. 또한 경기와 증시 등이 꾸준히 상승할 수 있게 만드는 동력으로 지칭되는 '2010 빅 모멘텀'을 기대하는 이명박 정부에 저탄소 녹색성장 정책은 총론을 거쳐 본론으로 들어가 총체적인 실천 결과물을 실감시키게 된다. 그러나 이러한 기회와 기대는 녹색기술에 금융을 입히는 데서 힘을 받고 지속 가능한 미래를 내다볼 수 있다는 점에서 녹색금융은 그린 테크 성장에 밑거름으로 작용함을 믿어야 한다.

세계은행과 유엔환경프로그램 등 국제기구 역시 녹색금융에 대해 비상한 관심을 갖고 이 분야의 선구자가 되고 있다.

유전 찾던 큰손들 녹색기술로

JP모건은 탄소 비즈니스를 넓히기 위해 빈곤국인 우간다를 노크하는 일을 마다하지 않고 있다. 나무를 땔감으로 태우는 우간다에 고효율 스토브를 공급해 이산화탄소 배출을 줄이고 이를 통해 이산화탄소 배출권을 확보하기 위해서다.

세계 각국 정부와 글로벌 금융회사들은 녹색펀드를 통해 녹색시대를 앞당기는 동시에 수익 창출도 모색하고 있다. 네덜란드의 '그린펀드 스킴(Green Funds Scheme)' 은 녹색금융 관련 사례의 모범으로 꼽힌다.

네덜란드 그린펀드는 정부가 지정한 그린뱅크가 낮은 비용으로 자금을 조달해 녹색산업이나 그린 테크에 투자하도록 지원하는 제도이다. 자금의 조달은 금융투자에 들어갈 각종 일반인 자금과 국민의 연·기금을 녹색산업화로 전용하는 일이다.

우선 네덜란드 정부는 환경개선에 기여하는 '그린 프로젝트' 를 별도로 지정하고 인증서를 발급한다. 정부는 인증서를 받은 프로젝트에 자금조달을 돕기 위해 그린뱅크를 지정하고 이 은행은 세제 혜택이 부여된 녹색채권을 발행하거나 녹색펀드의 지분을 매각해 저리로 자금을 조달한다(《그림 참조》).

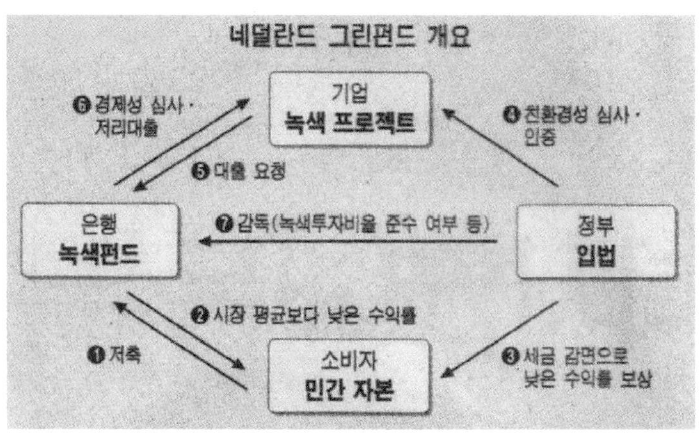

정부는 그린뱅크와 그린펀드에 대한 투자를 활성화하기 위해 자본이득세 면제(채권매입 등의 1.2%)와 세액공제(1.3%) 등 채권 매입액의 2.5%에 해당하는 감세혜택을 부여한다.

실제로 네덜란드 정부는 녹색산업을 지원하고 기업은 저리에 자금을 조달하며 은행은 친환경 금융회사라는 평판을 얻을 수 있어 참여자 모두가 이익을 얻는다는 설명이다.

글로벌 금융회사들도 녹색펀드를 적극적으로 운용하고 있다. UBS가 운용하고 있는 '에코 퍼포먼스'의 경우 환경·경제적 효과가 평균 이상인 기업 가운데 시장 점유율이 높고 성장 잠재력이 큰 기업이 투자대상이 된다.

2007년 뱅크오브아메리카(BOA)가 선보인 최초의 산림보호용 사모펀드도 주목을 받고 있다. 6,500만 달러로 시작한 이 펀드는 산림과 한경보호에 투자 초점을 맞추었다.

비영리 단체들이 BOA로부터 저리 대출을 받은 자금으로 미국 목재회사로부터 땅을 사들인 대신 보존지역권을 팔아 생긴 수익금으로 BOA 채무를 갚는 시스템이다.

연간 산림의 3%만 벌목이 가능하도록 하고 목재판매로 얻은 수익은 지역경제에 투자하는 선순환 구조다. 각종 벌목으로 산림을 황폐화시키지 말고 '지속 가능한 벌목'을 하자는 게 목표다.

ING는 2007년 8월 '클라이미트 포커스 펀드'를 출범시켰다. 이 펀드는 글로벌 기후변화로 생기는 투자 기회에 집중하는 테마 펀드로 에너지 효율성과 청정 에너지, 저탄소 에너지와 물 기술 등 4가지 항목 가운데 수익의 20%를 얻는 기업에게 투자하고 있다.

이처럼 세계적인 글로벌 금융화사들은 유전에 투자했던 관행을 깨고 녹색성장산업에 각종 자금을 운용하는 추세로 가고 있음을 알 수 있다.

신고리 원전 3 · 4호기 건설현장은 외국인 러시

UAE 아부다비 원전 수주 이후 울산시 울주군 서생면 신암리 신고리 원전 현장은 이제 세계적인 원자력건설 벤치마킹 최우선 시찰 공사 현장이 되고 있다. 이곳 신고리 원전 3 · 4호 건설현장에서 걸어서 30분 정도 떨어진 신고리 원전 1호기가 시운전 중이고 건설 중인 2호기는 올해 말 준공 예정이다. 이 일대는 세계 최대 원전 공사 현장으로 건설 기초 단계에서부터 완성 단계에 이르기까지 한눈에 볼 수 있는 세계 유일의 현장이다. 물론 시운전과 운전 상태를 보는 것도 가능하다. 이 때문에 중국을 비롯하여

태국과 요르단, 우루과이와 핀란드, 필리핀 등 13개국 1,300여 명이 다녀
갔다.

한국전력이 자체 기술로 짓고 있는 APR1400은 제3세대 원자력발전 모
델로서 중동국가에는 벤치마킹 이상의 의미마저 지니고 있다.

이러한 원자력 르네상스를 완수하기 위해서 이명박 정부는 그린 뉴딜에
녹색금융을 입히느냐에 따라 성공과 실패로 나누어짐을 직시해야 한다.

금융 없이는 녹색산업의 성장은 없다

저탄소 녹색성장을 범국가적 정책으로 이끌고 있는 이명박 정부는 지금
까지 각종 시중 자금과 연금을 통해 지금과 같은 괄목할 만한 녹색성장 성
적표를 쌓고 있다. 하지만 글로벌 그린 마켓에 내놓을 성공사례가 없다는
점이 옥에 티다. 정부가 직ㆍ간접으로 그린 기업의 등을 밀고 있는 중국
정부처럼 전 세계를 상대로 큰판을 펼치고 있다. 대규모 그린 테크가 응용
되는 각종 프로젝트에 메이드 인 차이나가 득세하고 있다. 따라서 태양광
발전과 풍력발전은 중국의 득세에 따라 전 세계를 싹쓸이하고 있다. 하나
도 과장이나 포장이 필요 없는 진실게임이 되었다.

전 세계가 이처럼 그린 뉴딜에 국력을 모으면서 녹색금융에 만전을 기
하는 모습이야말로 그린 테크가 세계적인 비즈니스 모델로 진행할 수 있
는 모멘텀이 바로 녹색금융이라는 점에서 확연하게 드러나고 있다. 하지
만 이명박 정부가 아직 풀지 못하고 있는 녹색금융 활성화의 큰 까닭은 금

융의 수요자와 공급자, 금융종사자와 금융정책 당국자 등 관련 당사자들이 넓게는 지구촌을 살리는 일과 좁게는 이산화탄소 배출량 감축이 아직 자기 일이 아니라는 안이한 인식을 갖고 있기 때문이다.

그린 뉴딜을 통해 더 큰 대한민국을 이루기 위해서는 이제부터 이명박 정부는 아직껏 합의 도출이 이루어지지 않는 해외건설촉진법과 엔지니어링진흥법, 그리고 원자력사업법 등과 함께 녹색금융진흥법을 포함시켜 코리아 컨소시엄이 넓은 해외시장을 지향하는 모습으로 뛰게끔 자금력을 배가시키는 일이 필요하게 되었다. 이를 외면하거나 도외시하는 경우에는 모처럼 맞고 있는 해외원전 플랜트산업이 남의 나라 장사에만 도움 주는 우를 범할 수 있다는 점을 지적해 둔다.

4 한국 바보 · 바보 한국

■ ■ ■ 지금 중동국가에서 회자되고 있는 '안티 코리아' 가 조금씩 보이기 시작했다. 걸프협력위원회(GCC) 권역 6개국에서 쿠웨이트와 아부다비 발행되는 신문매체를 살펴보면 게재 빈도 수는 하나씩 늘어나고 있다.

근본적인 원인은 이명박 정부의 이슬람 문화권 PR팀 운영의 부재에서 오는 피해가 앞에서 밝혔던 그대로 꺼지지 않는 불씨가 될까 걱정이 앞선다.

정부 차원에서도 선린외교를 발전시켜야 할 나라들이 많다는 이유를 인지한다 해도, 아니 공감했다고 해도 안정적인 천연자원 확보와 해외 플랜트산업의 중흥을 이루기 위해서는 그래도 중동국가에 러브콜은 멈출 수 없다.

최근 의욕적으로 제로카본시티 '실크 시티' 를 추진하고 있는 쿠웨이트가 발행한 신문매체를 중심으로 아부다비 발행 신문까지 포함하여 정리하자면 안티 코리아는 세 가지로 요약할 수 있다. 한결같이 이명박 정부가 시정하고 보완하는 데 한 치의 소홀함이 있어서는 안 되는 지적이자 관심을 요구하는 부분이 된다.

하나 – 환경성과지수(EPI)에서 94위에 오른 코리아

올해 1월 스위스 다보스에서 열렸던 세계경제포럼(WEF)이 발표한 환경성과지수(EPI)에서 한국은 100점 만점에 57점을 받아 조사대상 국가 163개 나라 가운데 94위를 차지했다. 이는 경제협력개발기구(OECD) 30개국 가운데 가장 낮은 점수였다. 51위였던 2008년과 비교해보아도 무려 43단계나 떨어진 수치다.

실제로 환경성과지수(EPI)는 미국 예일 대학교와 컬럼비아 대학교가 작성한 이 지수에서 한국은 온실가스 감축을 통한 기후변화 대응에는 149위로 밀려났다. 대기오염 준수는 159위로 세계 최하위에 머물고 있고 산업부문 온실가스 집약도는 145위다. 여기서 온실가스 집약도는 산업 부문 온실가스 배출량을 국내총생산(GDP)으로 나눈 수치다.

이번 평가에서 환경성과지수가 가장 높은 나라는 아이슬란드로 93.5점을 받았다. 이어서 스위스는 89.1점이고 노르웨이가 81.1점을 받았다.

코리아는 이란(60점~78위)과 베트남(59점~85위)보다도 낮은 점수를 받았기 때문에 원전 20기를 운영하는 나라답지 않다는 게 안티의 이유다. 지금까지 이명박 정부는 세계 정상회담 때나 G20 정상회담 당사국으로서 코펜하겐 시대가 요구하는 수준의 환경성과지수 우등국이어야 하는데 163개 국가에서 94위로 나타나자 안티에 열을 올리는 것은 이해가 된다.

둘 - 이슬람 금융채권 수쿠크를 외면한 코리아

　바로 앞 장에서 나는 그린 뉴딜을 완수하기 위해서는 첫째도 둘째도 그린 펀드나 그린 채권 발행을 통해 관련 기업을 먼저 키우고 이를 토대로 글로벌 그린 마켓을 선점하는 선순환 금융체계를 제안했다. 이 책에서도 여러 차례 언급했고 지적도 했다.

　그린 테크가 세계인의 주목과 비즈니스 모델화되기 위해서는 자금과 기술과의 싸움에서 가능하다는 점을 이해한 까닭에 필요 이상 중언부언한 것이다. 이를 완수하기 위해서는 이슬람 금융의 이용은 성격이나 운영주체에게도 납득이 되는 좋은 비즈니스 아이템이기 때문이다. 하지만 지난해 정부가 제안한 '조세특례제한법'을 바보 한국 국회가 보류처분해서 그냥 계류 중이다.

　9·11 테러 이후 이슬람 금융이 미국과 영국에서 말레이시아와 싱가포르로 동진(東進)하고 있는데도 실질적인 이자에 해당하는 부분에 대한 세금 면제가 평등성 적용의 위배라는 이유에서다.

　말레이시아 수도 쿠알라룸푸르의 KL센트럴에는 한 옥외광고판이 눈을 사로잡고 있다. '이슬람 은행으로 옮겨가고 있습니다(Moving to Islamic Banking)'라는 광고 내용이다.

이슬람 상품만으로 운용되는 자산관리 서비스가 출시되었음을 알려주고 있다. 이 광고 카피에서도 이슬람 금융에 대한 자신감을 읽기에 충분했다.

이들 신문에 따르면 500여 개에 이르는 이슬람펀드 가운데 동진한 펀드는 1/3에 해당하는 184개 운용하고 있다고 밝혔다. 금액은 50억 120만 달러에 달한다. 이런데도 바보 한국 국회는 세종시에만 올인하고 있다. 마치 홍콩이 신광저우역에서 홍콩을 잇는 350㎞ 고속철도 건설 가운데 홍콩연결 부분 26㎞ 개설 허가 문제로 홍콩 입법회(의회) 건물이 찬반 시위대의 함성으로 뒤덮였던 일과 대동소이하다. 이게 중동국가 시각에서 보면 안티 코리아의 배부른 싸움으로 비친 결과다.

셋 − 원자력 R&D 놓고 정부 부처의 밥그릇 싸움

바보 한국을 움직이는 이명박 정부는 부처 갈등으로 정부정책이 현안마다 헛돌고 있다는 점이 안티 코리아의 세 번째 주제다. 녹색도시와 기후변화에 관한 정책을 놓고 관련 정부 부처 간의 기싸움이 끊이지 않고 있음을 보고 내린 안티 코리아다. UAE 아부다비가 원전 수주 업무에 따른 모든 공사 일체를 모하메드 알 하마다 UAE 원자력공사(ENEC) 사장에게 위임해서 일괄처리하고 있음과 좋은 대조를 이루고 있다. 아직까지는 본사 청사를 얻지 못해 아부다비투자청 소속 무바달라에서 일을 보고 있다.

이번 수주전에서 패한 프랑스 아레바나 다른 해외원전 플랜트 선진국에서 눈을 부릅뜨고 주시하고 있는데도 말이다.

　그 큰 이유로는 사업 추진 중에 예기치 않는 위험을 누가 떠맡느냐 하는 문제가 생길 수 있다. 일반적으로 이익을 많이 취하는 곳에서 많은 위험을 맡게 되지만 코리아 컨소시엄 관계자들에게 갑과 을의 사이를 명확하게 구분해서 시행하는 일이 더 중요하다. 이를 교통 정리할 수밖에 없는 주무 부처의 이원화는 더 큰 안티가 될 수 있다는 점에서 이명박 정부는 고민해야 한다.

　이러한 고민을 통해 중동국가에 불기 시작한 안티 코리아의 불명예를 잠재우고 동시에 덤핑 수주에 임하고 있다는 한국 플랜트 수출업체들에 대한 음해도 상당 부분을 해소시키는 결정적 치료제가 될 수 있다고 믿고 싶다. 따라서 이명박 정부의 아킬레스건인 한국 바보와 바보 한국을 중동국가에게 불식하기 위해서는 이 세 가지부터 원인제공과 원인불식 대비책까지 세워 다른 안티 코리아를 없애야 한다.

　특히 해외원전 플랜트산업은 공사기간 6년에 운영기간 60년이 소요되는 맘모스 프로젝트이다. 또한 UAE 아부다비 해외원전은 국제원전시장 진출의 첫 단추임을 명심하고 국가적인 대의를 위해 '어떻게 기여할 것인가'에 정책적 주안점을 삼아야 될 것이다.

5 IAEA + IEA + IRENA = 더 살기 좋은 지구촌 건설

■ ■ ■ 이란이 새 도박을 시작했다. 평화적인 핵(核) 이용이 절대적 가치를 지닌 데도 3.5%의 저농축 우라늄을 20% 순도로 재농축하는 데 처음으로 성공했다고 발표했다.

이슬람혁명 31주년을 맞는 2010년 2월 11일.

이란의 수도 테헤란 아자디 광장에 모인 수만 군중 앞에서 마흐무드 아흐마디네자드 이란 대통령은 "영광스러운 신의 섭리(攝理)에 의해 우라늄 농축에 성공했고 연료봉 생산도 시작할 것이다"라고 밝혔기 때문이다.

CNN에 따르면 미국은 2월 10일부터 시작된 이란의 고농축 우라늄 생산 개시에 맞서 이란의 경제·군사적 중추인 혁명 수비대를 겨냥한 제재 조치를 발표했었다. 그러나 마무드 아마디네자드 이란 대통령은 이란 국영방송 IRIB를 통해 중동국가 지도자에게 "만약 서방측이 조건 없는 우라늄

교환에 동의한다면 우리도 협조할 것이다"라면서 "우리는 협상에 임할 태세가 되어 있다"고 말했다. 알리 아크바르 살레히 이란 원자력기구 대표도 "이를 국제원자력기구(IAEA)에 이미 통보한 상태다"라고 덧붙였다.

원자력의 평화적 이용을 지향하는 IAEA

올해 11월에는 서울에서 G20이 열린다. 이명박 정부는 여러 국제기구를 통해 국격(國格)을 높이고 동시에 환경과 개발, 그리고 금융 문제에 대한 해법을 제시하는 일이 당사국으로서 채무로 인지하고 있다. 이란의 우라늄 농축기술과 같은 비평화적 이용을 억제시키는 국제원자력기구(IAEA)와의 동조도 고려대상으로 삼아야 된다. 최우선적으로 원자력을 통한 더 잘살기 위한 지구촌을 건설하기 위해서는 IAEA와의 동조는 그래서 필요한 것이다. IAEA는 원자력의 평화적 촉진을 통한 전 세계의 평화와 보건을 증진시키고 동시에 군사적 전용 억제를 목적으로 설립된 국제기구다.

현재 본부는 오스트리아 빈에 있으며 1957년 발족 당시 29개국이 지금은 130개국으로 늘어났고 예산만도 2억 2,000만 달러에 달한다.

특히 녹색시대를 앞당기는 파이프로세싱(사용 후 核연료 건식기술)을 원자력발전소 운영국가에게 권장해 지구촌을 핵전쟁의 위험으로부터 구하는 일등공신이다.

이란의 핵 확산도 향후 IAEA에 의해 좋은 결론이 나올 것이 예단된다.

IEA의 에너지 소비 억제정책

세계 주요 석유 소비국에 의해 발족된 국제에너지기구(IEA)는 산유국의 공급 삭감에 대항해 참가국 간에 석유의 긴급 유통을 하거나 소비의 억제, 대체에너지 개발촉진을 목적으로 하고 설립되었다.

1974년 2월 미국 워싱턴에서 개최된 석유소비국회의에서 시작되어 OECD 회원국 모두가 가입되어 운영하고 있다. 본부는 프랑스 파리에 두고 있다.

최근 IEA의 권고사항은 화석연료의 사용을 억제하여 이산화탄소 발생을 줄이고 지구온난화 방지에 적극적인 동참을 호소하는 등 기후변화 대응의 첨병을 자처하고 있다. 녹색성장을 기치로 삼고 있는 이명박 정부는 IEA와 같은 국제기구와의 협력과 공조를 통해 해외원전 플랜트산업의 르네상스를 앞당길 수 있다. 같은 이유로서는 IEA와의 밀월이 필요함을 직시하고서 적극적인 동조와 역할 분담이 요구된 시대가 바로 지금임을 잘 알고 있을 것이다.

21세기 첫 국제기구 IRENA

국제재생에너지기구(IRENA)는 세계 신재생에너지 분야의 선도국가인 독일과 덴마크 등 유럽 국가들이 주도해 2004년 설립을 추진해 왔다.

최근 기후변화가 이슈로 등장하면서 신재생에너지에 대한 중요성이 부

각되면서 IRENA는 탄력을 받게 되었다.

지난해 1월 첫 준비회의 이어 6월 각료급 회의에서 사무국장을 뽑고 사무국 소재지는 세계 최초의 카본프리시티인 아부다비 마스다르를 선정해서 운영하고 있다. 한국은 물론 미국과 일본 등 138개국이 가입협정에 서명을 완료했다. 한국은 이제 가입협정을 위한 국회 동의 절차만 남겨두고 있다.

세계는 지금 에너지 위기와 기후변화 대응을 동시에 해결해야 하는 '에너지·기후변화 시대'에 들어섰다. 우리는 이제 18세기 산업혁명 이래 의존해 온 화석연료에서 벗어나 새로운 에너지를 찾아야 한다. 더 살기 좋은 지구촌 건설을 지향하는 이명박 정부는 IAEA와 IEA 등과 함께 동조와 협력에 기반한 국제기구로서 IRENA와의 밀월을 포함시켜야 한다. 왜냐하면 IRENA는 신재생에너지 정책과 기술에 관한 정보를 공유하고, 그린 테크를 통한 관련 기업 사이의 교류를 활발하게 추진할 것이 큰 기대치로 떠오르고 있기 때문이다.

특히 IRENA는 신재생에너지 분야의 경제협력개발기구(OECD)가 되는 것을 목표로 삼고 있기 때문에 정책자문을 통해 각 회원국 상황에 맞는 개발 로드맵을 만들게 된다.

21세기에는 에너지 분야 선도국이 궁극적인 선도국이 될 것이라고 한다. 따라서 21세기 첫 국제기구로 탄생한 IRENA는 기후변화 대응과 에너지 위기에서 단 하나뿐인 지구를 구하는 임무를 잘 수행할 것이 예상되고 있어 이명박 정부의 관심과 협조체계 수립은 그래서 필요함을 알 수 있다.

이를 다시 정리하자면 원자력발전과 같은 에너지 강국으로 거듭나려는 한국 이명박 정부는 본(IAEA)과 파리(IEA), 그리고 아부다비(IRENA)를 잇는 삼각 지대에 더 많은 관심과 협조체계 구축을 통해 더 살기 좋은 지구촌 건설의 역군으로서 거듭날 수 있다는 정책적 발상을 촉구하고 싶다.

이게 바로 2010년 11월 서울에서 열리는 G20 당사국의 위상 정립에도 플러스 요인이 될 수 있다고 믿기 때문이다. 이 믿음이야말로 내가 자주 찾고 있는 아부다비 도심의 함단로드의 켄터키 프라이드치킨 가게에서 마음 편하게 먹고 있는 음식처럼 65억 지구촌 가족에게 통용되는 증표로서 그 의무와 그 가치는 무한대가 될 수 있는지 모르겠다.

에 필 로 그

- 인샬라 (Insha allah – 신의 뜻으로)

- 아쌀람 알라이쿰 (Assalam alaykum – 평화가 가득하기를)

- 마샬라 (masha allah – 신의 의지대로)

- 마르하바 (Marhaba – 환영합니다)

- 슈쿠란 (Shukuran – 감사합니다)

중동국가를 찾는 우리에게 낯익은 대화들이다. 아랍어가 가지는 목소리 굴림은 그대로 예술이다.

이런 간단한 아랍어 인사는 UAE 아부다비 원전 수주 이후부터 자주 듣는 인사말이 되고 있다는 그 자체가 한국과 중동국가 사이가 더 가까워지고 있다는 방증이 된다.

최근 원전 수주에 따라 한국 정부의 관료와 관련 기업들의 중동국가 방문은 러시를 이루고 있기 때문에 앞에서 소개한 인사말은 덕담(德談) 이상의 가치를 지닌다. 덕담 수준의 아랍어 인사말이라고 해도 향후 한국의 해외원전 플랜트산업은 중동국가에서 꽃을 피우게 됨에 따라 이를 익혀서 사용하는 사람들이 늘면 늘수록 국부펀드(SWF)는 알곡처럼 우리네 금고에 쌓이는 지름길이 될 수 있다.

지금은 아랍어 인사말이 자기 PR 시대의 열쇠

따지고 보면 아랍어 인사말은 아랍인에게 다가가는 자신의 첫 이미지다. 눈을 마주치고 손바닥을 보이고 종종 상대의 얘기에 고개까지 끄덕여주면 스킨십에서도 좋은 점수를 받게 된다.

바로 이런 익숙함에서부터 중동국가와의 비즈니스는 시작된다. 크게 생각하지 않아도 이를 통한 자신의 선전과 자기 포장에 능한 사람으로 변신이 가능할 수 있다.

글로벌 그린 마케터인 나도 이를 활용하는 데서 일말의 성취욕을 느끼

고 있다면 애당초부터 저질적인 심성의 소유자일까. 편집광적인 구제불능자일까. 그것도 아니면 나이도 잊고 우월성에 취한 자가당착자일까. 이를 부인하거나 부정하지 않고 다만 이렇게 만든 원인과 요인의 고백이 더 인간적일 수 있다.

실제로 나는 2008년 8·15 광복절 행사 때 이명박 정부가 처음 내건 국가 어젠다인 '저탄소 녹색성장'과는 거리가 멀었다. 소비자를 꾀는 일에 능한 마케터일 뿐이었다. 그 많은 환경전문가들이 포진하고 있는 녹색성장산업 언저리에 끼어드는 틈도 보이지 않았기에 그린 비즈니스 분야는 차항의 부재로만 이해하고 있었다. 그러나 2009년 5월 술탄 알 자베르 아부다비 마스다르 CEO 방한을 목격하고 나서 내 관심은 증폭되고 이것이 단행본을 탄생시킨 계기로 작용했다.

물론 2009년 2월 버락 오바마 미국 대통령이 취임과 함께 글로벌 금융위기를 벗어나기 위해 그린 뉴딜을 들고 나온 점도 일정 부분은 플러스로 작용했다.

특히 중동산유국이자 중동 사막의 도시국가인 아부다비가 물경 220억 달러를 투자해서 제로카본시티 마스다르를 구축하고 있다는 얘기는 신선한 충격으로 내게 다가왔고 이게 단행본 〈탄소제로도시 마스다르의 도전〉으로 발전했다.

탄소제로도시 마스다르의 도전, 아부다비의 힘, 글로벌 그린마켓 승자의 길, 스위트 그린머니, 그리고 그린에너지 원자력

2008년 9월 미국 뉴욕발(發) 글로벌 금융위기는 중동산유국을 비켜가지 않았다. 창의력의 도시국가 두바이가 채무지불유예로 주춤하는 사이 아부다비가 일취월장하는 모습에서 그들을 다시 보게 만들었다. 그것이 〈아부다비의 힘〉이다.

또 녹색성장이 중동국가를 국가개조론의 화두로 떠오른 것에 기반한

〈글로벌 그린마켓 승자의 길〉과 〈스위트 그린머니〉가 탄생되었다.

그 연장선상에서 지난해 12월 27일 아부다비발(發) 400억 달러 원전 수주 뉴스는 또 내 등을 쳤다.

이것이 바로 이 책 〈그린에너지 원자력〉이다. 이러한 다섯 가지 저작물 탄생은 모든 일에 관심의 유무에서 결과마저 달라짐을 학습효과로 알게 된 것과 무관하지 않다.

은혜와 은덕, 그리고 감사기도

결국 이러한 단행본 출판이 가능함은 내가 믿는 조물주가 변신을 기도하는 내게 내려주신 은혜와 은덕으로 인지해 지금 이 시간에도 감사기도를 드리고 있다. 감사한 것은 이제 집필의 긴 시간을 잠시 접고 중동국가 아부다비 코니치 로드(Corniche Road)에 위치한 힐튼호텔 커피숍에 앉아 편하게 〈걸프뉴스〉를 읽을 수 있는 기회를 얻게 되었다는 점이다.

　더 감사한 일은 바인누나 스트리트(Bainuna Street)에 있는 인터콘티넨탈호텔(Inter Continental Hotel)에 이미 진을 치고 움직이고 있는 한국 원전 컨소시엄 관계자들의 아랍어 인사가 더 낯익게 들리고 있다는 점이 추가된다.

I Can Do

　- 아랍어로 말할 때는 리듬을 싣는다.

　- 에미리트식 관습에 따라 각 질문에 대한 정중한 답변을 준비해 둔다.

　- 주인이 기도를 하러 갔을 때는 15~20분간 기다릴 각오를 한다.

　- 커피나 차는 권하는 대로 마신다.

　- 앞뒷면이 각각 영어와 아랍어로 된 명함을 건네준다.

🌱 참고문헌

- 강선용(2009). 〈셰이크 자에드와 그의 신화〉. 연세대학교 출판부.
- 권혁주(2009). 'UAE에 축구 이길 때 불통 튈까 가슴 졸여'. 〈중앙일보〉. 12. 28.
- 김동은(2010). '중동머니 동진...동남아 거쳐 한 · 중 · 일 눈독'. 〈매일경제〉. 1. 14.
- 김은표(2009). '원자력 기술이 수소경제 앞당긴다'. 〈매일경제〉. 3. 24.
- 김유경(2010). '하나로 – 세계 최고의 연구능력 갖추다'. 〈전자신문〉. 1. 26.
- 대니엘 예긴(1993). 〈황금의 샘〉. 김태유 역. 고려원.
- 문성진(2010). '국가별 맞춤 수출로 2030년 원전 3대 강국 도약'. 〈서울경제〉. 1. 14.
- 박용성(2009). '개발할까? 빌릴까? 살까?'. 〈중앙일보〉. 10. 9.
- 사카비바라 에이스케(2005). 〈경제의 세계 세력도〉. 현암사.
- 서기열(2009). '중동도 EU처럼... 걸프엽합군 단일통화 만든다'. 〈한국경제〉. 12. 17.
- 서승욱(2009). '400억 달러... 한국, UAE에 원전 판다'. 〈중앙일보〉. 12. 28.
- 서정민(2008). '사막의 왕족들'. 〈이코노미스트〉. 2. 19.
- 손경식(2009). 〈한-GCC FTA가 국내기업에 미치는 영향과 전략적 활용방안〉.
  대한상공회의소.
- 손재권(2008). '그린 아이디어가 돈'. 〈매일경제〉. 9. 23.
- 손효림(2009). '80억... 62억... 46억 달러... 해외건설 수주 대박행진'. 〈동아일보〉. 11. 21.

- 신동엽(2009). ‘핵심역량 개념에 대한 오해와 진실’. 〈동아일보〉. 7. 11.

- 신호철(2010). ‘이란 핵개발 덕에 원전 수출 성공?’. 〈시사IN〉. 1. 9.

- 심시보(2009). ‘원자력발전 르네상스’. 〈매일경제〉. 12. 24.

- 심시보(2009). ‘2012년 차세대 원자로 개발로 기술자립 앞당긴다’. 〈매일경제〉. 12. 29.

- 영국대사관(2009). 〈CBI 기후변화 대응 보고서〉.

- 유영규(2009). ‘국회에 가로막힌 이슬람머니 유치’. 〈서울신문〉. 12. 29.

- 유용하(2010). ‘녹색시대 앞당기는 파이로프로세싱’. 〈매일경제〉. 1. 26.

- 이수일(2008). ‘환경이 돈’. 〈조선일보〉. 11. 22.

- 이성훈(2010). ‘공기 줄이고 기술은 국산화’. 〈조선일보〉. 1. 29.

- 이영완(2007). ‘원자력은 에너지 · 환경문제 동시에 해결’. 〈조선일보〉. 7. 28.

- 이윤찬(2010). ‘6인 야전사령관’. 〈이코노미스트〉. 1. 12.

- 이정전(1994). 〈녹색경제학〉. 한길사.

- 이정전(2000). 〈환경경제학〉. 박문사.

- 이정훈(2008). 韓 · 日 · 佛 원자력 삼국지’. 〈신동아〉. 1월호.

- 임은모(2009). 〈아부다비의 힘〉. 한국학술정보(주).

- 임은모(2009). 〈탄소제로도시 마스다르의 도전〉. 한국학술정보(주).

- 임은모(2010). 〈글로벌 그린마켓 승자의 길〉. 한국학술정보(주).

- 임은모(2010). 〈스위트 그린머니〉. 한국학술정보(주).

- 이재현(2009). '원전수출, 축배 미뤄야 하는 이유'. 〈한국경제〉. 12. 31.

- 이진우 · 이은주(2009). 〈제5의 물결, 녹색 인간〉. 한국학술정보(주).

- 정경민(2010). '미국 우리도 차세대 원전 건설'. 〈중앙일보〉. 2. 2.

- 제프리 로빈슨(2003). 〈석유 황제 야마니〉. 유경찬 역. 아라크네.

- 조호진(2007). '원자력은 더 이상 핵폭탄을 만들지 않는다'. 〈조선일보〉. 11. 17.

- 조호진(2009). '국산 연구용 원자로 요르단에 첫 수출'. 〈조선일보〉. 12. 5.

- 조환익(2009). 〈중동 미래성장산업 진출 가이드〉. KOTRA.

- 차경진(2006). 〈이슬람 금융 개요〉. 해외경제연구소.

- 최정훈(2006). '해외로 눈 돌리면 미래가 보인다'. 〈전자신문〉. 9. 21.

- 토마스 프리드먼(2008). 〈코드 그린〉. 최정임 · 이명민 역. 21세기북스.

- 하현옥(2009). '미국과 이슬람의 새로운 시작'. 〈중앙일보〉. 6. 5.

- 한국수출입은행(2006). 〈세계국가편람〉.

- 한국이슬람교중앙회(2006). 〈이슬람은?〉.

- 홍영식(2009). '한국이 액션 플랜 제시하다'. 〈한국경제〉. 12. 18.

임은모

경력

광고평론가
한국문화콘텐츠학회 부회장
Al Ahmed Green Forum 공동대표
한일 마케팅 포럼 기획위원
한세대학교 광고홍보과 겸임교수 역임

저서

『글로벌 브랜드 두바이』(2007), 『문화콘텐츠 비즈니스론』(2003),
『디지털 콘텐츠 입문론』(2002), 『디지털 콘텐츠 게임개발론』(2002),
『짐 클라크 수익모델 엿보기』(2001), 『취해도 광고는 바로 간다』(1995),
『성공기업 광고전략』(1992)

연재

〈월간 Pop Sign〉 광고칼럼 연재
〈월간 디지털 콘텐츠〉 콘텐츠 개론 연재

강연

"It' s Abu Dhabi & Masdar"
'at a glance Masdar by 글로벌 그린 마켓'
'글로벌 마케팅과 GCC 시장 접근전략'
'탄소제로도시 마스다르의 도전'
'아부다비의 힘'

논문

「광고전략에서 케이스스터디 영역과 역할에 관한 연구」(1997)
「모바일 콘텐츠에서 기술적 특성과 게임 프로듀싱에 관한 연구」(2000)

그린에너지
원자력

초판발행 2010년 4월 5일
초판 3쇄 2019년 1월 11일

지은이 임은모
펴낸이 채종준
기 획 김남동
마케팅 김봉환
아트디렉터 양은정
표지디자인 장선희
본문디자인 황혜정

펴낸곳 한국학술정보(주)
주소 경기도 파주시 회동길 230 (문발동)
전화 031 908 3181(대표)
팩스 031 908 3189
홈페이지 http://ebook.kstudy.com
E-mail 출판사업부 publish@kstudy.com
등록 제일산-115호(2000. 6. 19)

ISBN 978- 89-268-0960-0 03320 (Paper Book)
      978- 89-268 -0961-7 08320 (e-Book)

이 책은 한국학술정보(주)와 저작자의 지적 재산으로서 무단 전재와 복제를 금합니다.
책에 대한 더 나은 생각, 끊임없는 고민, 독자를 생각하는 마음으로 보다 좋은 책을 만들어갑니다.